Pedro A. González Moreno

PAISAJES DESDE DENTRO

Pedro A. González Moreno

PAISAJES DESDE DENTRO

BIBLIOTECA DE AUTORES MANCHEGOS
DIPUTACION DE CIUDAD REAL

Primera edición: 2025

Edita: Servicio de Cultura. Diputación Provincial
Biblioteca de Autores Manchegos (BAM)
Plaza de la Constitución, 1. 13001 Ciudad Real
Tel.: 926 29 25 75
www.dipucr.es

Fotografías del autor y Blas López Cañavate (p. 238)

Diseño de cubierta: BAM/Fotografía del autor
(La mujer muerta)

Coordinación editorial: Jesús Reviejo Fernández
Colección general, número 251

Imprime: Gráficas Garrido, S.L.
ISBN: 978-84-7789-428-5
Depósito Legal: CR-766-2025

Impreso en España

ÍNDICE

EL VINO: EXALTACIÓN Y HOMENAJE

A LA SOMBRA DE LOS VOLCANES

UN LUGAR HACIA EL SUR

A Rosa Regàs, in memoriam

Nota introductoria

Todo viaje termina siempre con la promesa de otro viaje, escribí hace casi dos décadas en *Más allá de la llanura*, un viaje que tuvo continuidad en 2013 con la ampliación de algunos capítulos. Y en efecto, la amplitud y diversidad paisajística de nuestra tierra es tan grande, que algunos ríos, algunos lugares, algunos itinerarios, sobre todo hacia el oeste, quedaron sin recorrer.

El confinamiento al que nos abocó la pandemia en el año 2020 (que queda reflejado en el capítulo «Campanas en un tiempo de silencio») me permitió un conocimiento más detallado de ciertos rincones que aún eran desconocidos para mí. Desde entonces, nunca ha cesado aquel ir y venir por la provincia que comencé hace ya cinco lustros, y que ha continuado desarrollándose sin prisa, en un viaje circular que siempre acaba devolviéndome a los orígenes.

Dijo Valentín Arteaga que los manchegos, en general, «tenemos vocación de caminantes, trotamundos, correlindes, arrieros, caballeros de la Orden y también de peregrinos»; y el nómada o el caminante que uno lleva dentro, en efecto, me ha llevado a entender, en el sentido más kavafiano, que el sentido del viaje no eran los lugares de destino, sino el propio camino.

De cualquier manera, este ha sido un viaje al olvido, o más exactamente, un viaje a lugares casi olvidados. Siempre he preferido las carreteras secundarias a las autovías, y los caminos a las carreteras. Ese principio se cumple a rajatabla en este caso, porque he huido voluntariamente de ciudades y grandes poblaciones, y me he acercado a aldeas o pedanías casi perdidas en los mapas, a ríos humildes que sólo de tarde en tarde recuperan su memoria de agua, a cerros, rincones o altos miradores poco frecuentados, a lugares donde la despoblación ha adquirido ya tintes alarmantes:

un problema al que he intentado acercarme, con la más cruda objetividad, en el capítulo «El ocaso de los pueblos».

El proceso de escritura de este libro ha sido lento y dilatado; y por otra parte el paisaje es una realidad dinámica, que cambia con el paso del tiempo, incluso con el paso de las estaciones, de ahí que podría suceder que las descripciones realizadas en algunos capítulos no se correspondan con su situación actual, sobre todo si tienen al agua como protagonista. Buen ejemplo de ello son los titulados «Humedales manchegos y otras paradojas» o «Las Tablas de Daimiel: aquel año en que ardieron las turberas». Por fortuna, tras largos años de sequía, después de las abundantes lluvias caídas en 2024 y 2025, la situación de algunos ríos, pantanos y otros espacios naturales ha mejorado notablemente desde entonces.

Me ha parecido oportuno incluir algunos textos que, en principio, no iban destinados a este libro. Uno surgió con vocación de artículo periodístico («Tierras vivas y tierras ultrajadas»), otros adquirieron la forma de una reseña («García Pavón y la esencia de lo manchego») o de un prólogo («La tierra que heredamos»), incluso uno de ellos surgió con ciertas hechuras de pregón reivindicativo y regionalista, tal es el caso de «En busca de una identidad». Y he añadido, como capítulo final, un relato de ficción, una leyenda sobre *la mujer muerta*, extraño capricho geológico que, en la Sierra de Calatrava, es visible desde Calzada junto al castillo de Calatrava la Nueva.

Mi agradecimiento a todos los que me acompañaron a lo largo del camino, entre ellos a Rosa Regàs. El capítulo que la tiene a ella como protagonista justifica por sí solo la dedicatoria del libro.

Todo viaje debería terminar con la promesa de otro viaje, pero este que el lector tiene entre sus manos lo doy definitivamente por concluido.

TIERRA ADENTRO

GARCÍA PAVÓN Y LA ESENCIA
DE LO MANCHEGO

García Pavón es, sin ninguna duda, el autor que mejor ha sabido retratar y definir las esencias más auténticas de La Mancha. Habíamos leído, salpicadas a lo largo de su obra narrativa, innumerables referencias al paisaje o a la idiosincrasia manchega, y habíamos saboreado la viveza, la textura popular de su lenguaje (que llevó a su hija Sonia García Soubriet a elaborar un *Diccionario de Francisco García Pavón*). Asimismo, los escenarios y personajes que aparecen en sus novelas y relatos –no sólo los que tienen a Plinio o a Tomelloso como protagonistas– son la más atinada expresión de una identidad, reflejo de un modo de ser, de pensar, de hablar y de sentir; en definitiva, constituyen el más fiel reflejo de los singulares espacios donde tal identidad se desarrolla.

Pero sus intentos por definir el alma manchega desde diferentes ángulos como el geográfico, el histórico o el psicológico, habían cristalizado ya en una de sus obras más tempranas que, bajo el título de *Estudios manchegos (Tres ensayos y una carta)*, el autor editó por su cuenta en Jerez en el año 1951[*].

La obra reúne tres estudios donde, unas veces recurriendo al trazo descriptivo, otras al discurso argumentativo, reflexiona teóricamente no sólo sobre la configuración paisajística, sino también sobre los rasgos psicológicos definidores de lo manchego. Un enfoque que, como él mismo asegura en la introducción, «resulta absolutamente nuevo en nuestra región, donde los eruditos más se dedican a la exhumación histórica que al ensayo de interpretación filosófica».

El primero de ellos, «Hacia un concepto de la personalidad manchega», aparece como un discurso pronunciado

---

[*] Con motivo del centenario del autor, el libro fue reeditado en 2019 por Almud en su colección Biblioteca Añil Literaria.

en unos juegos florales de Daimiel. A lo largo de él esboza una serie de rasgos caracteriológicos entre los que destacan la acromía (o falta de color) debida a razones tanto geográficas como históricas, pues La Mancha fue siempre lugar de paso o tierra de nadie durante los diversos avatares de la Reconquista. La distancia entre unos pueblos y otros, y el consiguiente aislamiento en que viven, ha contribuido a forjar otros dos de sus rasgos más singulares: por un lado, su quijotesco poder imaginativo, y por otro la timidez, que deriva en un grado mínimo de sociabilidad, aunque a este último se contrapone otro rasgo, de signo contrario, que es la proverbial campechanía manchega, o la llaneza. Una de las consecuencias esenciales de esa timidez, tanto individual como colectiva –concluye Pavón– es la falta de influencia que la comarca manchega ha tenido siempre con respecto al poder central:

> «La carencia de un equipo de manchegos con suficiente influencia política, ha hecho de nuestra región un país casi desasistido del Estado a lo largo de toda la Historia».

Una lúcida observación que hoy, tres cuartos de siglo después, lamentablemente conserva aún plena vigencia.

El segundo texto, «Biología de un pueblo», es un ensayo donde se hilvanan, con claridad y precisión argumentativas, «una serie de características en la idiosincrasia tomellosense», derivadas todas ellas de la vitalidad de un pueblo joven, que se encuentra aún en esa Edad Media propia de los lugares que se fundaron con posterioridad a la Reconquista. Entre los rasgos configuradores de tal idiosincrasia se encuentran la falta de una tradición histórico-social y la ausencia de una clase aristocrática o hidalga, ya que el sustrato social tomellosero fue más bien la *agrocracia*. A ello ha de añadirse la carencia de modelos «en el campo de la cultura, de la política y hasta de la santidad». Una carencia que hoy, al menos en el ámbito de la literatura y el arte, ha sido afortunadamente superada.

Asimismo postula otros rasgos característicos como la apatía política o «la fisonomía colonial» de un pueblo todavía en gestación, que permanece a la espera de su edad dorada; y finalmente la «tibieza religiosa», pues Tomelloso ha crecido siempre aferrado a la religión del trabajo, sin perder el cielo de vista pero mirando al suelo con la fe de quien sabe que el verdadero milagro viene de la tierra, del esfuerzo que hace posible cada nueva cosecha: «Tomelloso trabaja y trabaja, ni mirando a la Cruz, ni de espaldas a la Cruz, sino con la Cruz encima».

En el tercero de los ensayos, «Teoría del paisaje manchego», ofrece García Pavón una visión de la llanura donde predomina más el trazo descriptivo que la argumentación ensayística. La pluma del narrador y la del pensador teórico confluyen aquí de una manera más visible, evidenciando lo que José Rivero denomina en el prólogo «la teoría de los dos cauces pavonianos», es decir, las dos orientaciones básicas de su escritura: una primeriza de naturaleza más reflexiva y ensayística, y otra más serena y madura, que habría de materializarse narrativamente «en asuntos de ficción en forma de cuentos y novelas».

La imagen que aparece en este texto es la de la llanura infinita, la de unos paisajes donde cielo y tierra se confunden, donde el color pardo se convierte en una tonalidad dominante, uniformadora y monótona, y donde el entorno se vuelve sordo y mudo hasta quedar envuelto en «un silencio imponente, cósmico». Paisajes de soledad y desamparo donde se hace posible el espejismo, de ahí que una bacía, por ejemplo, pueda transformarse en yelmo con facilidad. Desde una visión próxima a la que sostuvieron algunos autores noventayochistas como Azorín o Unamuno, García Pavón apunta que entre estas inhóspitas lindes puede experimentarse una sensación de ascetismo y espiritualidad, ya que «una sensación de inmensidad, de paz, de infinito y de silenciosa grandeza se apodera del alma».

Finalmente, el autor incluye una carta abierta a Gregorio Prieto, titulada «Disciplina de molinos», en la cual reflexiona sobre el símbolo de los molinos, verdaderos iconos de La Mancha y protagonistas de la que se ha convertido en la aventura más universal del Quijote. Pero más allá de estrechos localismos, el autor considera los molinos como un signo del espíritu español, que «gusta de intentar humanizar las quimeras». Un rasgo que es propio de nuestra alma colectiva, cuya historia puede entenderse como una sucesión de batallas contra los molinos, es decir, contra las adversidades, batallas que han llevado unas veces a nuestro país a sonados fracasos y otras veces a memorables victorias.

Salvar los molinos, como proclamó el pintor valdepeñero, sería una forma de salvar a España; y a esa hermandad salvadora, o a esa eventual orden militar de los molinos, confiesa Pavón que estaría dispuesto a adherirse. Una orden redentora cuyo uniforme sería –concluye al final de su carta– «un hábito blanco con cruz de aspas pardas en el pecho».

Sobre esta tarea de reconstrucción de los molinos manchegos, escribía Álvaro Ruibal, hace más de medio siglo, en *Los pueblos y las sombras*:

> «La empresa cobra acento benemérito, pero resulta difícil, porque carece de apoyo popular. No tienen función, no muelen, son solamente decorativos y los labradores se ríen de ellos por bajines. Necesitará La Mancha una formidable prosperidad económica y cultural, que por desgracia no asoma siquiera en el horizonte, para que podamos contemplar alzados en sus colinas esos motivos de una paisajística diferenciada».

Muchos años después, no sabemos si España se salvó, pero sí logró salvarse, por fortuna, la icónica y decorativa silueta de los molinos, que continúan alzándose con gallardía en los horizontes manchegos.

EN BUSCA DE UNA IDENTIDAD

I

El 31 de mayo es el día marcado en rojo en nuestros calendarios. Fecha en la que se conmemora la celebración, en 1983, de las primeras Cortes de Castilla-La Mancha, en la iglesia toledana de San Pedro Mártir. Un día en el que deberíamos gritar –o al menos susurrar en voz baja– nuestro orgullo de ser de donde somos, aunque a muchos las circunstancias de la vida nos hayan obligado a alejarnos de nuestros lugares de origen.

Pero la tierra no es sólo de quien la trabaja, de quien pisa a diario sus campos, sus calles o sus tabernas; además de un lugar físico, la tierra es también un espacio sin suelo que está grabado en lo más profundo de nuestra memoria. Y para los trasterrados, los que un día tuvimos que marcharnos, la tierra ha sido siempre como una larga cosecha que iba renovándose cada día, cada fin de semana, en cada fiesta, en cada nuevo reencuentro con la patria de nuestros afectos y con el paisaje de nuestros orígenes.

Hemos oído a menudo (y hasta nosotros mismos lo hemos dejado escrito) que Castilla-La Mancha es una especie de puzle geográfico, humano, histórico y cultural que apenas adquiere existencia real más allá de los mapas. No son muchos los autores que han reflexionado sobre el problema identitario, pero si hubiésemos de sintetizar sus puntos de vista, comprobaríamos que las opiniones no son sólo diversas, sino también contradictorias.

Hay autores según los cuales Castilla-La Mancha se caracteriza por una absoluta falta de conciencia regional, mientras que para otros existe una dualidad identitaria o una personalidad doble. Más matizadamente, hay quien piensa que

17

nuestra identidad se caracteriza por ser irónica y ecléctica. Y finalmente, otros han concluido que se trata de una identidad múltiple y diversa, teniendo en cuenta las variadas y muy diferentes comarcas que se integran en la región.

Por mi parte, en el capítulo titulado «Cuestión de identidad y de raíces», del libro *Más allá de la llanura,* planteaba hace tres lustros el problema de la fragilidad de la conciencia regional castellano-manchega, tal vez debido a la excesiva diversidad y dispersión de unos territorios que, metafóricamente definidos, son como un cuerpo, complejo y heterogéneo, con cinco extremidades (o cinco provincias) que no siempre marchan acompasadas en una misma dirección. O usando un símil más turístico, podríamos decir que nuestra región posee cinco miradores cuyos ventanales se orientan hacia puntos cardinales distintos. Se ha dicho –y sigue diciéndose– que nuestro espacio autonómico presenta unas costuras demasiado livianas, no sólo entre sus cinco provincias sino también entre sus numerosas comarcas, de ahí que el mapa autonómico castellano-manchego aparezca un tanto descosido o, al menos, con sus distintos territorios no muy bien pespunteados.

Si el sueño de la razón produce monstruos –según uno de los más conocidos grabados de Goya–, podríamos decir que el sueño de la Administración engendra delirios quijotescos: porque delirio quijotesco es, al fin y cabo, creer que pueden mantenerse unidas en un mapa común, o en un mismo proyecto, comarcas tan distintas (y tan distantes) como la serranía de Cuenca o Cabañeros, la infinita llanura de La Mancha o las lejanas tierras alcarreñas, el alto Tajo o el verde Júcar, los Montes de Toledo o la sierra de Alcaraz, las hoces del Huécar y el Escabas o el mágico Guadiana a su paso por Ruidera, por las Tablas de Daimiel o por Puebla de Don Rodrigo...

Por eso, en el libro antes citado, concluía yo que «se hace necesaria una argamasa que contribuya a forjar una conciencia colectiva, que cohesione tantas voluntades, tantos paisajes, tantas culturas dispersas. Una argamasa que los poetas llamarían un cauce común para tan distintas aguas, y que Ortega y Gasset llamaba 'la energía unificadora, central, de totalización'».

Región, pues, un tanto invertebrada, pero que puede presumir de unos parajes ricos y diversos, que cuenta con más de un centenar de espacios naturales protegidos, entre ellos dos parques nacionales, siete parques naturales y veintidós reservas naturales; y recientemente, en 2024, los volcanes del Campo de Calatrava han sido declarados Geoparque por la Unesco. Al envidiable patrimonio geológico, histórico y monumental, y a la extraordinaria riqueza cinegética, hay que añadir una tradición literaria excepcional, perpetuada por una pléyade de escritores y poetas que han contribuido a alimentar con sus palabras el sueño de esta tierra. Autores que tuvieron grande la voz para abarcar la anchura de estos campos hasta convertirlos en el más universal de todos los territorios literarios, por donde todavía «se vuelve a ver la figura de don Quijote pasar», como escribió León Felipe.

Cierto es que carecemos de una lengua autóctona, pero tenemos unas hablas locales, una entonación característica, un vocabulario singular que les hemos oído a nuestros padres y a nuestros abuelos, aunque hoy tales modalidades expresivas están en trance de desaparecer. Y más allá de los afamados quesos o vinos de la tierra, más allá del azafrán, la berenjena o la miel, más allá del pan, el aceite y el tocino tan pregonados por la conocida copla popular, tenemos también una apetitosa gastronomía, aunque quizás de digestión un tanto lenta.

Y todas esas peculiaridades hemos de conservarlas junto con nuestras costumbres y nuestras tradiciones, porque de lo contrario acabaremos formando parte de esa inmensa masa indiferenciada y amorfa que hoy llaman la aldea global. Y queda reservada para nuestros políticos la tarea de embarcarnos en un proyecto unificador, en un proyecto común que nos integre a todos y que, al mismo tiempo, también nos ilusione.

Tal vez lo que más necesitamos los castellano-manchegos es un lavado de imagen, una renovación de nuestros mitos y de nuestros tópicos ancestrales, y en estos tiempos en los que todo se rige por las leyes del mercado, seguramente también necesitamos una mayor capacidad de marketing con la que seamos capaces de vender o de exportar algo más que miel, berenjenas, queso y vino, o ciertas rutas turísticas como la de don Quijote. Los 2.500 kilómetros de dicha ruta bastarían para justificar que esta tierra es, eminentemente, un territorio literario, pero ni siquiera ese inmenso espacio puede explicar, integrar o abarcar otras rutas que nada tienen que ver con *El Quijote*.

La Mancha ha alcanzado, ciertamente, una dimensión mítica y simbólica gracias a un personaje de ficción, a un loco genial, y gracias a una novela cuya intención originaria, recordémoslo, es la parodia. Ello ha contribuido a universalizar y a fomentar el poderoso magnetismo de La Mancha, pero la visión quijotesca, tan delirante, tan propensa a lo grotesco o al espejismo, no puede sostener ni justificar por sí sola la identidad de toda una región. Reflexionando sobre este asunto, escribía Eladio Cabañero:

> «La región manchega, como tal país, no valdrá mucho, amigos, si la aislamos –no es esa mi intención– del renombre y la fama que le dio y sigue confiriendo el Quijote, fama literaria, oral, si bien se mira. La Mancha no valdrá por sí misma mucho, pero es una realidad intensa y una región distinta a cuantas constituyen España y quizá el mundo. Pero no hagamos hipérboles regionalistas: ¿quién que mire al cielo directamente no se olvida de términos municipales, provinciales, regionales y nacionales, se desentiende de vallas, mojones y medianerías, dejándose llevar, desde el paisaje propio y la casa paterna, allá hasta el horizonte sin fronteras, bajo la pura sensación de fundirse en una sola patria universal?».

¿No es ese, al fin y al cabo, el espíritu preconizado por la globalización? Sorprende que, mucho tiempo antes de que dicho concepto comenzara a difundirse, el poeta tomellosero abominase de vallas, fronteras o chatos localismos, para postular, intuitivamente, el mito de una utópica *patria universal*. Hoy en día, cuando el mundo se encuentra al alcance de cualquier pantalla, cuando todos nos hallamos inmersos en la burbuja de la aldea global, cabe preguntarse: ¿sería oportuno y políticamente correcto reivindicar lo nuestro, sin que ello se entendiera como un signo de aldeanismo? Una reivindicación sin «hipérboles regionalistas», desapasionada y serena, alejada de huecas proclamas, desprovista de ímpetu beligerante y tan sólo orientada a fomentar una conciencia regional más o menos sólida y homogénea.

Valentín Arteaga ofrece abiertamente su punto de vista en algunos emblemáticos artículos recogidos en *Lugar al sol*. En el titulado «En el principio era el pueblo» apela a la pluralidad como razón de ser de esta tierra, que ha de reconocerse en lo diverso, aunque matiza que «todo eso de las comarcas, provincia, regiones y autonomía son invenciones que ni van ni vienen, ganas de complicar la vida». Y añade que el hecho de ser castellanos o manchegos es pura contingencia, «cosas de rótulos. Quienes mandan y ordenan gustan de cambiar de tanto en tanto los letreros…».

No se puede expresar con mayor brevedad, sencillez y sutileza, toda una visión de la tierra en la que interesa, sobre todo, el lugar de origen contemplado en su extraordinaria diversidad; una diversidad que sólo después, por razones políticas o administrativas, es subsumida en un todo más o menos unitario, aunque «es el pueblo, los pueblos, cada cual en su valle o cerro, lo que de verdad importa. Acto seguido, aunque despacio, viene la provincia».

Otra colección de artículos en donde el poeta de Criptana reflexiona y divaga sobre asuntos relacionados con La Mancha y sus gentes es la titulada *Más o menos manchegos, ea,* donde analiza una serie de rasgos que considera definidores de nuestra idiosincrasia regional, y en alguno de ellos sobrevuela la idea de que «el paisaje y el paisanaje manchegos son un laberinto». Elogia la diferencia y la pluralidad, y pretende adentrarse en la aventura introspectiva «de descifrar los recovecos del alma manchega»: sus hábitos, sus virtudes, incluso algunos pecados como la resignación de las gentes o la sumisión de la mujer al hombre… No obstante, dada la naturaleza más literaria que argumentativa de los textos, al final todo queda como velado por una cierta indefinición, que es la que ya aparece anunciada en el llamativo título del libro.

Cuando aún no existía –ni se soñaba siquiera– la idea de una Europa global y comunitaria, ya había anticipado Unamuno, en su obra *En torno al casticismo*, que para ser europeo uno tenía que ser primero de su país y de su pueblo; y también dijo que de cuando en cuando convenía darse «un chapuzón de pueblo», expresión esta última con la que se refería, sobre todo, a las clases dirigentes, cada vez más encerradas en sus despachos y, en consecuencia, cada vez más aisladas del mundo real...

Yo, que soy unamuniano en muchos aspectos, he de reconocer que no sólo soy de mi pueblo, sino también de mi barrio y de mi calle, porque aquella calle Ancha de mi infancia fue el primer mirador desde donde me asomé al mundo, y a él me gusta volver a menudo para seguir contemplando la vida desde allí porque esa calle es el espejo que todavía, muchos años después, me sigue situando frente a lo más auténtico: el reencuentro con las esencias de los orígenes.

II

Llegados a este punto, se hace inevitable una pregunta: ¿cuáles son –si es que las tenemos– nuestras señas de identidad?

Francisco García Pavón, en un libro ya analizado en el capítulo anterior, *Tres estudios manchegos*, intentó trazar un retrato del alma manchega desde ángulos como el geográfico, el histórico o incluso el psicológico. Cierto es que por su temprana fecha de publicación (1951) el autor limita su análisis a la comarca de La Mancha, pues faltaban aún más de treinta años para que llegaran a configurarse los mapas autonómicos. Según el tomellosero, la geografía manchega no sólo se caracteriza por la *acromía* (o falta de color del paisaje, donde el pardo se convierte en una tonalidad dominante y monótona), sino también por ser una tierra de soledad y desamparo, una llanura inhóspita donde se hacen posibles los espejismos, lo cual explicaría las grotescas visiones de don Quijote, que le llevaban a confundir molinos con gigantes o rebaños con ejércitos. Un paisaje donde además puede llegar a sentirse una extraña sensación de ascetismo y espiritualidad.

Otro de los más específicos rasgos del alma manchega, según García Pavón, es su quijotesco poder imaginativo, un rasgo que el autor considera propio no sólo del espíritu manchego, sino del espíritu español, por el que este país es capaz de humanizar las quimeras. Los molinos, mejor que ningún otro símbolo, convierten a La Mancha en un reino de la aventura y el espejismo, patria donde se vuelve humana la estatura de los héroes y donde se vuelve casi razonable la locura.

La campechanía o la llaneza, que hace a sus gentes amables y hospitalarias, así como la timidez, que les hace ser poco sociables (y de donde deriva la falta de influencia que la región manchega ha tenido siempre con respecto al poder central), son algunos otros rasgos, más o menos discutibles, que Pavón atribuye al carácter manchego. Pero a ellos habría que añadir el espíritu nómada, ese constante ir y venir por otras tierras en busca de aventuras quijotescas, o simplemente en busca de un futuro mejor para nosotros o para nuestros hijos. Y ese éxodo hacia las grandes ciudades, que viene de lejos, es lo que está provocando que hoy, de una manera acelerada y casi irreparable, muchas casas de nuestros pueblos estén quedándose vacías.

Nuestra identidad colectiva probablemente sea una ficción tan delirante como las fantasías de don Quijote, y haría falta mucho más que hilo (o mucho más que los ocasionales pespuntes de la Administración) para coser las piezas sueltas de este puzle autonómico que cada 31 de mayo nos recuerda nuestro origen. Unir en un único cauce el agua de ríos tan distintos como el Tajo, el Guadiana, el Huécar, el Júcar o el Escabas es una misión de ingeniería fluvial imposible. Pero todos ellos confluyen en el delta de una identidad paisajística tan rica como diversa; y a tales cauces ha de añadirse otro mucho más generoso y más rentable, el gran río, tinto o blanco, del vino que discurre por estas tierras: un inagotable cauce de viñas que jamás sufre estiaje.

Nuestra identidad castellano-manchega se mira, pues, en los espejos del agua y el vino, pero se refleja también en la piedra, en esas piedras de nuestros castillos, entre cuyas ruinas puede verse reflejada aún la imagen de nuestra historia más gloriosa: una historia que está representada en ese otro castillo simbólico de la bandera castellano-manchega. Pero también haría falta un hilo casi mágico para enhebrar, en una causa común, en un mapa común, piedras y murallas tan lejanas como las de Torija y Atienza, las de Chinchilla y Almansa, las de Alarcón y Belmonte, las de Montalbán y San Servando, o las de Alhambra y Peñarroya, Calatrava la Nueva, Alarcos, Miraflores, Montizón, Salvatierra...

Todos esos castillos, y muchos más, son como un fragmentario emblema heráldico de nuestra identidad, de nuestra historia, de nuestro espíritu belicoso y fronterizo. En sus murallas o en sus vestigios ruinosos están escritas las huellas de nuestro pasado, las raíces de nuestra memoria colectiva, y a través de sus piedras es la voz de nuestros antepasados quien nos habla.

Decía García Pavón que La Mancha es una tierra *ácroma*, pero habría que recordarle al maestro que nuestra tierra reúne, como propios y característicos, todos los colores del arco iris: en primer lugar, el blanco, que junto con el morado forman nuestra bandera autonómica. El blanco es el color de los molinos y el de la cal que aún se mantiene intacta en algunos pueblos como Almagro, mientras que en otros se conserva mezclado con el añil de los antiguos zócalos. Podemos toparnos también, sobre todo en los ardientes veranos manchegos, con unas gamas de amarillos que ni siquiera Van Gogh podría haber soñado: el amarillo febril de los rastrojos, los oros intensos del trigo, esos dorados que antaño podían contemplarse en las parvas y en las eras.

O habría que recordarle también a Pavón el color rojizo del almagre o el rojo desangrado de los infinitos crepúsculos manchegos, que es también el rojo de la cruz de Calatrava, el rojo del cinabrio de las minas de Almadén, el rojo del azafrán y el de los campos de amapolas que Benjamín Palencia inmortalizó en sus acuarelas. Y habría que recordarle igualmente los azules de esa agua, siempre tan escasa, que se vuelve a veces de un azul turquesa y de un verde esmeralda en las Lagunas de Ruidera.

Pero por encima de tales colores, hay uno que impone su presencia en el cromatismo de nuestro paisaje: el verde ambarino de las uvas; un verde geométrico de doscientas mil hectáreas de viñedos, que estalla en medio de los ocres y los dorados estivales. Es ese verde manchego, *mare nostrum* del vino, que tiene corazón de cencibel, cuerpo de airén, alma de garnacha.

Esos son los colores primarios de nuestra tierra, que en un día tan señalado como el último de mayo estamos obligados a ver entremezclados con el color verde dudoso de la esperanza. Porque Castilla-La Mancha es una región con mucho pasado, y también –esperemos– con mucho porvenir. Pero para eso, para que deje de ser un gran agujero en el centro del mapa, necesitamos algo más que celebraciones joviales o nostálgicas, algo más que efemérides de esas que sólo sirven para recordar en un día lo que olvidamos el resto del año. Necesitamos que los que gobiernan –desde unos u otros partidos– se dejen de políticas erráticas o de gestiones cortoplacistas, y elaboren programas a largo plazo para las nuevas generaciones, que son las que están llamadas a quedarse en la tierra o a seguir abandonándola…

Necesitamos que los que gobiernan salgan de sus despachos, se den un unamuniano *chapuzón de pueblo,* y se sacrifiquen por su tierra; que se dejen la piel (y con ella el tiempo y el alma) por su tierra, igual que, en tiempos mucho más difíciles, se la dejaron nuestros padres y nuestros abuelos.

Esa será la única manera de que nuestra región deje de ser tierra de paso y nuestros pueblos se conviertan no en un agradable refugio de fin de semana, sino en un verdadero lugar para quedarse.

Esa es la única manera de que, en vez de estancarse, nuestra región pueda cada día seguir creciendo. Y nosotros podamos seguir creciendo con ella.

LA TIERRA QUE HEREDAMOS

Siglos antes de que las ciudades se transformaran en gigantescos núcleos de población, nuestra literatura clásica había convertido el «desprecio de corte y alabanza de aldea» en uno de sus tópicos predilectos. Tema que la voz horaciana de Fray Luis de León sintetizó, de manera ejemplar, en su conocida «Oda a la vida retirada», uno de los más encendidos elogios de la vida sencilla y tranquila, esa que sólo puede disfrutarse cuando se está en contacto con la naturaleza:

> «Qué descansada vida
> la del que huye del mundanal ruido
> y sigue la escondida
> senda por donde han ido
> los pocos sabios que en el mundo han sido».

Esa senda, a la que el poeta agustino llamaba *escondida*, no conduce sólo a un lugar físico, sino también a un lugar interior, y es que el campo, o la naturaleza en general, no siempre son una cuestión de geografía. Hay lugares que no vienen en ningún mapa y sin embargo existen. Igualmente, hay tierras que no son espacios cultivables, ni tienen lindes o vallas, ni pueden medirse en hectáreas o en fanegas. La infancia, por ejemplo, o la tierra que heredamos, son dos de esos lugares que carecen de suelo, y a ellos sólo se puede llegar a través de la senda de los recuerdos.

Con muy juiciosas palabras, razonó Antonio Machado que «la patria no es una finca heredada de nuestros abuelos (…). Sabemos que la patria es algo que se hace constantemente y se conserva sólo por la cultura y el trabajo (…). Sabemos que no es patria el suelo que se pisa, sino el suelo que se labra; que no basta vivir sobre él, sino para él». Es imposible no compartir plenamente esas ideas del poeta sevillano, aunque sí convendría añadir algunos matices. La patria de verdad no es, en ningún caso, la que muchos confunden con la cartografía o con los colores de una bandera, pero hay otras patrias más pequeñas y más íntimas que no es necesario labrar porque no son espacios cultivables. En ellas sólo crece, como mucho, algo muy parecido a la nostalgia.

Entre esas patrias que se llevan siempre a todas partes porque están dentro de uno mismo, la más cierta es la que limita, en todos sus puntos cardinales, con la infancia o con la adolescencia, es decir, con la memoria, con ese mundo que es como un árbol cuyas poderosas raíces jamás dejan de crecer interiormente. Por eso, para los que un día tuvimos que marcharnos, los campos de nuestra tierra o las calles de nuestro pueblo son también, además de un lugar físico que puede pisarse, un mapa antiguo lleno de recuerdos; un mapa al que siempre regresamos para orientarnos después de habernos perdido por las lejanas y oscuras calles del mundo.

Aunque se contemple desde cierta distancia, el paisaje es una realidad afectiva que crece o se deteriora con los años, como una planta invasora que no hace falta regar porque se alimenta de su propia nostalgia. El paisaje no sólo está ahí, en la intemperie de los campos, también se encuentra dentro de uno mismo; es un tejido que forma parte de nuestro cuerpo y, sobre todo, de nuestra memoria.

Sin embargo, hoy en día vivimos de espaldas a la naturaleza, lo cual es como decir de espaldas a la vida. Somos ajenos a las señales o a las voces con que el paisaje nos habla, y a las que casi nunca nos paramos a escuchar, quizá porque nos hemos acostumbrado a voces muy distintas. Nos hemos convertido en urbanitas que, de cuando en cuando, regresan al pueblo para pasar las fiestas, como si con ello pretendiéramos purgar nuestra mala conciencia, nuestro abandono, nuestro olvido. O nos hemos convertido en transeúntes que vuelven al campo los fines de semana para desintoxicarse, como si los aires campestres fuesen una botica con cualidades terapéuticas.

Tal vez lo único que sucede es que ya no necesitamos el paisaje. Acostumbrados a mirar la realidad a través de pantallas, ya no distinguimos la imagen real de sus reflejos, al igual que ocurría en el mito de la caverna platónica. Nos hemos alejado de los ámbitos rurales y ese alejamiento puede que nos haya dado una vida más confortable, pero no necesariamente mejor ni más digna.

Sin embargo, para quienes crecimos en un patio a la sombra de alguna higuera, la voz del campo sigue sonando aún en nuestros oídos, como una música de sirenas cuyos acordes pretenden guiarnos hacia aquella Ítaca que un día abandonamos. A pesar de los kilómetros que nos separan de ella, la tierra permanece ahí, cercana y palpitante, porque el paisaje no es un mero decorado para disfrute de los turistas; los que nacimos y crecimos en un pueblo lo sabemos bien. La tierra es otra cosa: es una fuerza telúrica que brota por dentro y crece desde dentro, es una geografía emocional que está arraigada, como un órgano extraño, en algún lugar de nuestros recuerdos. Y ahí, en ese espacio indefinible pero también inalienable, crece, se renueva con la lentitud de una semilla que nuestros antepasados plantaron para nosotros.

Hablo de los antepasados que convirtieron sus huesos en una generosa cosecha de luz para alumbrarnos. De los que, con su sombra atada a los andamios, levantaron muros y tabiques para protegernos de la intemperie. Hablo de aquellos aparceros y labriegos que hoy, con las manos artríticas, aún pueden verse, ensimismados, soñando quizás con una pensión más digna en las plazas de nuestros pueblos.

Hablo de los que, con su sudor y su esperanza, intentaron abrir las sendas de un futuro mejor para nosotros: de los arrieros que trazaron rutas de sed y frío por los caminos del Campo de Calatrava, o de los peones camineros que, legua a legua, se encargaron de que esas rutas fueran transitables. De los colonos que edificaron un simétrico sueño de casas blancas en medio de la llanura. De los entibadores o los mineros que horadaron el corazón de la tierra para extraer de ella sus mejores latidos minerales. De los bodegueros o los vendimiadores que, a fuerza de alambique y tranchete, ensancharon con afluentes de mosto el cauce de los sedientos ríos manchegos. De los pastores de quienes tal vez heredamos un poco de nuestra condición trashumante. De los esparteros que, con mano firme, supieron transformar en pleitas, esteras y serones la savia seca del esparto. De las bordadoras y las encajeras que dejaron trazada, con tinta de hilo, su finísima escritura de encajes y de blondas. De los herreros que, a golpes de martillo y yunque, forjaron el metal de un futuro mejor para los suyos. De los molineros que, a la espera de su maquila, dejaron grabada su canción de trigo por los cerros de La Mancha...

Nosotros somos hijos, o hijos de los hijos, de aquellos hombres fuertes, de aquellos hombres buenos que supieron luchar cuerpo a cuerpo con la tierra. Somos hijos o nietos de aquellos jornaleros o albañiles que sintieron la tierra como carne propia, y que protagonizaron, con su ilusión y con su esfuerzo, la dura gesta del vivir cotidiano. Ellos formaron parte de lo que Unamuno llamó la *intrahistoria*, ese tejido social anónimo y silencioso que, sin salir nunca en las fotos, ha ido escribiendo despacio, en voz muy baja pero con pulso firme, la historia verdadera de los pueblos.

La tierra que heredamos no es un espacio cultivable, no es ni siquiera un espacio. Es más bien un tiempo que alguna vez fue nuestro, pero del que ya nos fuimos. Y ese lugar sin suelo no es un territorio baldío, sino un campo ancho y fértil donde sigue creciendo, cada día, la semilla de los recuerdos.

Un campo, el de la memoria, al que no podemos o no debemos o no queremos renunciar.

EL OCASO DE LOS PUEBLOS

Desde hace muchos años nuestros pueblos viven bajo el azote de las sangrías migratorias. Divididos entre el Escila y Caribdis de la tradición y la modernidad, parecen haberse quedado anclados en una tierra de nadie, en un territorio fronterizo entre dos mundos que no se encuentran muy bien engarzados entre sí.

Ha sido inevitable la incorporación al tren del progreso por parte de unas generaciones, las de nuestros padres y nuestros abuelos, que vivieron tiempos oscuros y se vieron obligados a reconstruir las ruinas que había dejado una guerra. Por otro lado, las nuevas generaciones han crecido rodeadas de comodidades y con toda suerte de artilugios tecnológicos entre sus manos. Pero entre ambos extremos tal vez haya quedado un hueco o una zona vacía, como si entre esas dos orillas hubiésemos tendido puentes muy útiles y prácticos, pero con unos materiales demasiado frágiles.

Esa zona vacía se refleja, cada vez con mayor dramatismo, en los índices demográficos, según los cuales los pueblos se van vaciando a medida que las ciudades van haciéndose cada vez más grandes. No hay más que mirar las estadísticas para comprobarlo: las décadas de los años 50 y 60 del siglo pasado coinciden, en casi todos los casos, con un pico de superpoblación demográfica en la mayoría de los municipios. Sin embargo, no todos han corrido la misma suerte hasta la actualidad.

Curiosamente, se observa que (salvo Puertollano por las peculiaridades de su tradición minera) los grandes núcleos urbanos (Alcázar, Valdepeñas, Tomelloso, Villarrubia), y otros más pequeños como Herencia, Almagro o Campo de Criptana, han mantenido más o menos estable su población hasta hoy. Casos excepcionales son los de Bolaños, Miguelturra o Poblete

–los dos últimos por haberse convertido en zonas residenciales de la capital– que han aumentado su población hasta un tercio en el primer caso, mientras que se ha duplicado en el segundo y se ha quintuplicado en el tercero. También Pozuelo de Calatrava, por su cercanía a Ciudad Real, ha visto aumentar notablemente su población durante las últimas décadas.

Pero salvo tales excepciones, la tendencia general es descendente. Aunque el descenso se observa también en pueblos grandes como Daimiel o Socuéllamos, que han perdido entre dos mil y tres mil habitantes, es en los pueblos pequeños y medianos donde la tendencia se convierte en un patrón invariable a lo largo de las últimas décadas. Desde las décadas de los 50 y 60, el declive ha sido más gradual en unos casos o más abrupto en otros, pero siempre inexorable. Hay casos como los de Infantes, Almodóvar del Campo, Santa Cruz de Mudela o Calzada de Calatrava, que llegaron a tener 9.000 habitantes, y que en el último censo –el de 2021– han quedado reducidos a la mitad. El caso particular de Calzada lo ha estudiado exhaustivamente Juan José García, quien refiriéndose al año 1936 ofrece un censo de 9.202 habitantes, con matices socioeconómicos tan significativos como los que siguen:

«Acabada la campaña de la aceituna, que fue corta, el paro era alarmante, alcanzando cotas insoportables. Grave crisis de paro siempre y acusadísima en las épocas del año en que el campo daba pocos jornales. Gran número de familias se hallaban en situación de extrema necesidad, en tanto que unos cuantos latifundistas forasteros son dueños de la mayor parte de la tierra, que o no la explotan o lo hacen en poca superficie y mala labranza»[*].

Muchos otros pueblos, aún con peor fortuna, han perdido la alarmante cifra de dos tercios de su población, tal es el caso de Albaladejo, Abenójar, Chillón, Alcubillas, Agudo, Alhambra, Cózar, Almedina, Brazatortas o Alcoba de los Montes. Sin llegar a esos extremos, muchos otros municipios menores han

---

[*] *Fuente del Moral. Encomienda de la Orden de Calatrava. El Fontanar y Sacristanía,* Puertollano, Ediciones C&G, 2024, p. 258.

caído en la misma dinámica y se han dejado en el camino, por término medio, más de un millar de habitantes. Por el contrario, la capital de la provincia ha duplicado su población, pues ha pasado de 37.000 en el año 1960 a los 75.000 que registra el censo antes citado.

La tecnificación, sobre todo a partir de la revolución digital, ha supuesto un gigantesco salto evolutivo, quizá el mayor en la historia de la humanidad. Pero tales avances conllevaban necesariamente un riesgo: el abandono de la actividad agrícola y, en consecuencia, el abandono de los pueblos. Se diría que avanzamos (¿o retrocedemos?) hacia el concepto de la *polis* griega, aquellas macro urbes que eran, en realidad, auténticas ciudades-estado donde se concentraba toda la población. Hoy en día, ciudades como Estambul, Ciudad de Méjico, Calcuta o Pekín, donde se concentran entre quince y veinte millones de habitantes, son un buen ejemplo de esa tendencia moderna a la superpoblación de los núcleos urbanos. Es como si a los engranajes de la maquinaria demográfica se les hubiera oxidado alguna pieza, y semejante desajuste estuviese causando algún desequilibrio en el sistema

Los pueblos de nuestra región, como los de otras regiones españolas, han saltado en pocos años de la dependencia del sector agrario al abandono progresivo del campo. Una parte de aquel éxodo ya lo vivimos nosotros, los de mi generación, que vimos a familias enteras cerrar sus casas y marcharse en busca de otros horizontes laborales. También por aquellos años, los de nuestra infancia, asistimos a otro éxodo menor, del que nuestros padres eran los protagonistas. Aún recordamos aquellos autobuses que viajaban, cargados de obreros, con destino a Madrid, donde la construcción necesitaba mucha mano de obra. Esos autobuses salían los domingos y regresaban los viernes por la tarde. La llegada de aquellos hombres, con su jornal recién ganado, era todo un acontecimiento. Las calles y las plazas de los pueblos eran todavía, por entonces, un hervidero de niños acostumbrados a jugar a la intemperie.

Más tarde fueron los hijos, una vez terminado el bachillerato, los que tuvieron que marcharse para continuar estudiando y garantizarse un futuro mejor. La mayoría de esos estudiantes no regresaron, rehicieron su vida laboral en las ciudades, y se asentaron con sus familias lejos de sus lugares de origen. Y las calles y plazas de los pueblos comenzaron a quedarse un poco más vacías. No sólo algunas casas comenzaron a cerrar sus puertas, también empezaron a cerrarlas algunos bares y tiendas, porque los hijos no supieron o no quisieron heredar los negocios de sus padres.

Aún recordamos que hacia finales de los años sesenta, cuando no éramos conscientes de que la población comenzaba a decrecer, algunos pueblos carecían de una red de alcantarillado; y hasta los años ochenta no empezaron a construirse polideportivos, centros de salud o casas de cultura. Los supermercados no habían sustituido aún a las antiguas tiendas de ultramarinos, y en muchas casas, aunque cueste creerlo, no había teléfono, ni televisión, ni lavadoras, ni frigoríficos, ni grifos siquiera.

Pero un buen día el agua del botijo y de los cántaros fue sustituida por el agua de los grifos, luego entró en nuestros salones la primera Telefunken, después en la cocina el primer frigorífico Kelvinator y, más tarde, la primera lavadora Zanussi, al mismo tiempo que en las calles los tractores tomaban el relevo de las galeras o los carros, y empezaban a pavonearse sobre el asfalto las flamantes Vespas o los primeros Seiscientos. En un proceso vertiginoso que tenía algo de mágico, fue como si en unos pocos años hubiéramos pasado del siglo XIX al XXI, es decir, de unas formas y modos de vida casi preindustriales a una sociedad de consumo basada en el confort, cimentada en el modelo capitalista y que no tardaría mucho en acotumbrarse primero al uso de los electrodomésticos y después a los más sofisticados artefactos tecnológicos. De una sociedad artesanal y casi rupestre, en la que aún teníamos que fabricarnos nuestros propios juguetes, pronto derivamos a una realidad donde los niños sólo necesitan un juguete para entretenerse: el de las pantallas de su ordenador o sus teléfonos móviles. Un juguete adictivo que les ha hecho más sedentarios, pero no más sabios ni más libres.

De aquellas hoces con las que segaban nuestros abuelos a las modernas máquinas cosechadoras con cabina climatizada, hay una brecha insalvable en la que se refleja el lento ocaso del mundo rural. Un salto que va también desde los antiguos braseros de picón a los sistemas de calefacción más confortables. De los fogones o los infiernillos de nuestras abuelas hemos pasado a las pulcras vitrocerámicas. Hoy el imperio de la fibra óptica y la digitalización ha llegado hasta los lugares más recónditos... En definitiva, la vida en los pueblos es ahora mucho más plácida y cómoda que hace medio siglo, sin embargo, las sangrías migratorias continúan dejando las calles cada vez más vacías.

Los museos etnográficos dan fe de ese mundo rural ya desaparecido, del que apenas queda en el paisaje la reliquia de alguna noria muerta o alguna alberca semioculta entre la maleza. El auge de la construcción cambió la fisonomía de las calles, que pasaron de la cal a las más variopintas fachadas de cemento, baldosas y azulejos polícromos. Donde antes había corralones, huertas o arboledas, ahora se alzan modernos chalés con piscina o lustrosas urbanizaciones. Los caminos polvorientos de antaño, por donde los arrieros transportaban sus mercancías, se han transformado en carreteras o en coquetas autovías que tienden a alejarse de las poblaciones. Aquellos viejos trenes de carbón, como el *trenillo* que venía de Valdepeñas con sonido y traqueteo de chatarra, se han transformado en la relampagueante silueta del AVE, que pasa cerca de los pueblos, pero sin detenerse en ellos. Donde antes brillaba el oro de las mieses o el verde de las vides, a menudo se ve brillar ahora el negro geométrico de las placas fotovoltaicas. Y algunos de aquellos emblemáticos molinos quijotescos continúan ahí, desafiantes sobre sus cerros, aunque su protagonismo ha sido sustituido por otras aspas mucho más intimidantes, las de los parques eólicos.

La mecanización del campo hizo mucho más fácil el duro trabajo de los agricultores, pero también hizo innecesaria mucha mano de obra que hubo de dedicarse a otros menesteres. Ese es el signo de los nuevos tiempos, la ley a la que estos pueblos mesetarios no podían sustraerse. Y en consecuencia, las sombras de la despoblación siguen alargándose inexorablemente sobre sus tejados...

Y mientras las ciudades son cada vez más grandes, en relación inversamente proporcional los pueblos se van haciendo más pequeños. El modelo de economía agraria ha entrado en quiebra y las generaciones nuevas, unidas al mundo por el cordón umbilical de la fibra óptica, hace tiempo que convirtieron el desarraigo en una actitud vital. Aún contrasta, en las calles de nuestros pueblos, una población semianalfabeta que sufrió las consecuencias de una guerra y que, sin embargo, tiene hijos y nietos universitarios, hijos y nietos que seguramente son los más formados de la historia de este país; pero que son también, sin ninguna duda, los más desligados del mundo de sus antepasados.

Encastillados dentro de su burbuja virtual, los jóvenes viven de espaldas al mundo de sus abuelos, pero ni los responsables políticos, ni los gestores municipales, han sabido encontrar respuestas eficaces a una lacra semejante. Al igual que ocurrió en décadas anteriores, el desarrollo de las nuevas tecnologías no ha creado, paralelamente, unas estructuras socioeconómicas o un tejido industrial suficiente que permita a la juventud permanecer en sus lugares de origen. Sólo las actividades relacionadas con el ocio, la cultura y otros festejos, han servido en algunos casos para fijar a la población, al menos durante ciertas festividades y fines de semana, por lo que hay pueblos que se han convertido en verdaderos centros de esparcimiento, con botellón incluido.

Frente a la luz sucia y opaca de las ciudades, los mejores atardeceres son los que pueden contemplarse desde los parques o desde los cerros de los pueblos. Pero mientras el sol se pone cada tarde sobre esos horizontes, las puertas de las casas, las de las tiendas y las de los bares siguen cerrándose; y como profetizó el poeta Eladio Cabañero, «cada sol menos, cada noche oscura, / pone la vida un poco más desierta».

TIERRAS VIVAS Y TIERRAS ULTRAJADAS

Primero fueron el pico y la maza, y después los barrenos, que abrieron túneles de sombras por donde fue tejiéndose el sueño subterráneo de los entibadores. Y a lo largo de siglos horadaron el suelo en busca de hulla, de antracita, de cinabrio o de galena argentífera. Las ruinas de la antigua Sisapo en La Bienvenida, los poblados casi fantasmales de lo que fueron un día las minas de San Quintín o El Horcajo, o las galerías de Puertollano y Almadén, están ahí, hacia el oeste, como testimonio de la generosidad milenaria de estos suelos, fecundo vientre geológico de la vieja Iberia, gran ubre mineral de una tierra que ha sido minuciosamente explotada hasta el delirio.

Después fueron los taladros y las perforadoras, que esquilmaron el acuífero. Amparados por una errática y permisiva política de riegos, se abrieron miles de pozos legales e ilegales que convirtieron el subsuelo de La Mancha en un colador gigantesco, por donde poco a poco fue desangrándose la capa freática. Y las Lagunas de Ruidera, las Tablas de Daimiel o el curso del mágico Guadiana fueron condenados a la maldición de la sed y vieron sometidas sus aguas a un largo expolio que todavía continúa.

Más tarde llegaron los bulldozers y las excavadoras que, en busca de basalto y puzolanas, socavaron las entrañas de estos cerros y clavaron en ellos sus garras metálicas hasta convertirlos en ruines canteras. Desde entonces, como si entonaran una canción de lavas heridas, volcanes como el Cerro Gordo, el Columba o la Yezosa comenzaron a mostrar sus laderas ultrajadas en las cercanías del Jabalón, en el corazón mismo del Campo de Calatrava.

Pero como aún no era suficiente, los especuladores miraron hacia el este, hacia las tierras rojas y vírgenes del Campo de Montiel, por donde Cervantes quiso que don Quijote hiciera su primera salida y por donde le hizo cabalgar «tan contento, tan gallardo, tan alborozado por verse ya armado caballero, que el gozo le reventaba por las cinchas del caballo». Y allí, en ese escenario tan propicio para el encantamiento y la aventura, los especuladores vieron que el suelo no sólo era bueno para el pastoreo, para el cereal, las vides o el olivo, sino que además contenía algún extraño y valioso mineral. Cosa, por otro lado, nada sorprendente en una geografía tan encantada como la de Montiel.

Y decididos a sacar provecho y rentabilidad (porque esa y no otra es la misión de los especuladores), proyectaron un plan de minería a cielo abierto, quizás en busca de un nuevo Eldorado con el que enriquecerse. Comprobaron que esas tierras no son raras por su singularidad paisajística, ni siquiera por su estirpe quijotesca, ni por su agreste y desolada belleza, sino porque contienen minerales tan útiles y necesarios, al parecer, como extraordinariamente escasos en la corteza terrestre.

«How can "rare earth" be an element?» (¿Cómo va a ser la "tierra rara" un elemento?), se preguntaba escépticamente John Ashbery en un verso de su poema titulado «A visit to the house of fools» (Una visita a la casa de los idiotas). Sin embargo, la óptica de los poetas jamás ha coincidido con la visión pragmática de los especuladores; y resulta que, en efecto, las tierras raras del Campo de Montiel contienen, entre otros minerales, la monacita, que es de gran utilidad para la construcción de móviles, ordenadores y otros artefactos de última tecnología. Un mineral que, como contrapartida, también contiene torio y uranio, dos peligrosos elementos radiactivos.

Entre los pueblos más afectados por ese proyecto minero, Torrenueva y Torre de Juan Abad vienen clamando, a voz en grito y a cielo abierto, para que sus campos no sean expropiados, ni acaben arrasados por la acción inmisericorde de las máquinas excavadoras. La plataforma «Sí a las Tierras Vivas» ha surgido con esa intención, la de advertir del impacto medioambiental que ello supondría, y la de reivindicar estos parajes, que no deben ser profanados, que no pueden convertirse en uno más de entre los ya numerosos espacios saqueados de nuestra provincia.

Una provincia que, al parecer, está predestinada a convertirse en un cementerio geológico, en una sucesión de tierras muertas y áridos paisajes abandonados a su suerte; pero, sobre todo, abandonados al arbitrio y al beneficio de las poderosas empresas industriales que reciben las concesiones mineras con la aquiescencia o la complicidad de nuestros gobernantes.

Como ya sucedió en otras ocasiones, enarbolando la bandera del desarrollo y el progreso (una bandera tras la que se ocultan a menudo los más oscuros intereses), se aprueban los proyectos sin contar con nadie, es decir, sin contar con la opinión de esas gentes que llevan muchos siglos habitando y cultivando la tierra. Y se dejan las concesiones mineras en manos de desaprensivos que nunca amaron la tierra, en manos de empresas explotadoras para las que el paisaje nunca fue más que una simple gráfica traducible en términos de rentabilidad. Y una vez conseguidos sus fines, una vez arrasados los suelos, los abandonan y se marchan en busca de nuevos campos o nuevos Eldorados sobre los que hincar el diente metálico de sus siniestras excavadoras.

Por el Campo de Montiel, geografía encantada, el olvidado León Felipe diría que nuevamente «se ve la extraña figura de don Quijote pasar». Pero si el buen hidalgo manchego, llevado por su ideal justiciero, volviese a cabalgar gallardamente por estos campos, su lanza no iría en busca de molinos contra los que arremeter, sino en busca de esos gigantes invasores que hoy pretenden aparecer de nuevo en nuestras tierras disfrazados con traje de mineros.

DOS CERROS EMBLEMÁTICOS
DEL CAMPO DE CALATRAVA

Desde las más remotas eras geológicas, el Campo de Calatrava es una extensa llanura erizada de conos volcánicos, un paisaje herciniano de cerros donde un día sólo se escuchó la voz telúrica de la naturaleza. Su inmensa caldera de magma modeló estos relieves que, con el paso de los milenios, la erosión fue esculpiendo en una lenta orografía de maares, coladas, cabezos, castillejos, hoyas, negrizales y derrumbaderos de lapilli.

Las cumbres de estos cerros no están coronadas de molinos, porque el Campo de Calatrava no es un territorio propicio para los delirios quijotescos. A menudo rematados por crestas de cuarcita, la mayoría son agrestes edificios volcánicos donde el hombre apenas dejó huella de su paso. Sin embargo, algunas veces sus cumbres aparecen coronadas por ruinas arqueológicas, otras veces por ermitas o castillos. Estos dos últimos tipos de edificaciones delatan el doble impulso de una cultura orientada, ancestralmente, hacia lo religioso y hacia lo militar. Sus piedras centenarias son signos que reflejan no sólo la historia y la identidad de estas tierras, sino también la doble condición espiritual y guerrera de sus gentes.

Almenas y espadañas no han de entenderse sólo como dos soluciones arquitectónicas distintas; son también dos formas posibles de salvación. Las ermitas, desde su altura, miran hacia el cielo y a él se encomiendan, mientras que los castillos miraban hacia el suelo y sólo confiaban en la reciedumbre de sus murallas.

Dos impulsos distintos y hasta contrapuestos. Los altares de las ermitas nos remiten a un mundo regido por la fe o por las diversas maneras de esperanza. Por el contrario, los alcázares y las murallas nos hablan de la guerra y del poder, y también de la condición fronteriza de estos campos donde hoy madura el trigo, pero que antaño fueron campos de Agramante y se forjaron a golpes de espada. Las cumbres de los cerros calatraveños revelan un ancestral instinto de protección que se manifiesta en dos planos: el terrenal y el espiritual. Los hombres construyeron fortalezas para defenderse de otros hombres, pero también erigieron altares para acercarse más a un Dios que siempre ha permanecido demasiado lejano.

Entre los innumerables cerros del Campo de Calatrava, hay algunos que resultan especialmente emblemáticos. El más cercano a la capital, el Cabezo del Rey, se alza a casi 700 metros en medio de un paisaje de hoyas, cráteres y castillejos que evidencian la naturaleza volcánica del entorno. El carreterín que sube hacia la ermita de San Isidro está flanqueado de árboles y de grandes piedras volcánicas que conforman un auténtico museo geológico al aire libre, constituido por fragmentos de colada de lava y flujos piroclásticos del Morrón de Villamayor, del volcán del Arzollar o del propio Cabezo del Rey.

La modesta ermita, de ladrillos nuevos que delatan su reciente construcción, encierra la imagen de San Isidro bajo un arco vegetal y con un ramillete de espigas entre sus manos. Sobre sus andas, el santo labrador mira hacia el pueblo como si pretendiera fecundar las cosechas con su sola mirada. Pero la fecundidad de estos campos no se debe a ninguna intervención divina, sino a la fertilidad natural de sus tierras volcánicas, cuyos sinuosos relieves pueden divisarse desde el Mirador de los Maares.

Este coqueto mirador ha sido diseñado para contemplar, en toda su dimensión, tan sólo dos de los cuatro puntos cardinales, de ahí que hacia el noreste no resulte visible la capital, semioculta por unos pinos y, al fondo, por un alto cerro. Su presencia queda reducida a un alargado manchón de casas blancas, entre las que destacan altivas las torres del Seminario Diocesano y la Catedral. Tampoco son visibles, hacia levante, las hoyas volcánicas que caracterizan este tramo paisajístico; y es necesario bajar junto a la ermita para divisar Miguelturra, con la gigantesca cúpula cilíndrica del Santísimo Cristo de la Misericordia.

Hacia el sur los campos se alargan en leves ondulaciones que se curvan en líneas de relieves azulados y se erizan a medida que el horizonte va perdiéndose hacia las primeras estribaciones montañosas de Sierra Morena. Al noroeste, la vista tropieza en primer término, al otro lado de la autovía, con las simétricas hileras de casas nuevas de Poblete, alineadas como un alargado frontispicio que actuara a modo de ariete o barrera contra la constante agresión del tráfico o tal vez contra alguna futura corriente de lava. Casi confundida entre las pocas casas viejas del pueblo, la espadaña de la iglesia de Santa María Magdalena. Más allá, en el horizonte, los relieves volcánicos de los cerros Moreno, Fuentillejo, Cabezo de Segura o La Posadilla. Y por encima de todos ellos, destacan los geométricos y sólidos perfiles de la fortaleza de Alarcos, que ofrece un aspecto achatado, parecido al de un búnker, como si el peso de la historia hubiese aplanado su silueta.

Al cerro de Alarcos se puede llegar a pie desde Poblete, siguiendo la Ruta de los Caballeros, de apenas cuatro kilómetros. La cara sur del castillo revela su aspecto ruinoso y, en un despliegue de imaginación, potenciada por los paneles destinados a los turistas, no cuesta imaginar por allí a la caballería cristiana cargando contra las tropas almohades de Al-Mansur, cuya retaguardia, en un ágil movimiento envolvente de sus extremos, inmovilizó a los combatientes cristianos mientras descargaba sobre ellos una densa lluvia de flechas que causaron numerosas bajas. Según cuenta, con no poco aliento épico, la *Crónica Latina de los Reyes de Castilla*, el propio Alfonso VIII «se adelanta y, metiéndose en medio de los enemigos, abate virilmente muchos moros…». Pero de nada habría de servir tan heroico gesto; una vez perdida la batalla, el rey hubo de retirarse a Toledo, «con pocos soldados, dolientes y gimiendo por la gran desgracia que había acontecido».

Dieciséis siglos antes de esa fatídica derrota, acaecida en 1195, Alarcos era ya una ciudad floreciente, un poderoso *oppidum* ibérico que conocía la cerámica de torno y la metalurgia del hierro. Los vestigios arqueológicos muestran la prosperidad de esta ciudad, que estaba llamada a ser la capital de un reino. Pero tras aquella batalla que convirtió los alrededores del castillo en un monumental pudridero de cuerpos regados por el Guadiana, Alarcos se convirtió en un cerro maldito, que pese a ser reconquistado pocos años después, ni siquiera Alfonso X logró repoblar.

Desde la distancia, con sus torres apenas visibles, la silueta del castillo parece aplastada por el peso del tiempo o de las derrotas, y quizás para convertir ese lugar maldito en un lugar sagrado, se edificó allí, entre los siglos XIII y XIV, una ermita consagrada a la Virgen de Alarcos, virgen protectora que hoy sigue llevándose en romería cada domingo y cada lunes de Pentecostés. Por su rosetón de tracería, orientado hacia poniente, entra la luz de los atardeceres y tiñe de color rosado las mejillas de la virgen.

La rareza y singularidad de Alarcos, sin embargo, no se debe a su ermita medieval, ni al peso de su historia, ni al aura maldita que emana todavía de sus murallas; ni siquiera se debe a su privilegiado enclave junto al río Guadiana. Se debe a la triple corona arquitectónica que se levanta sobre su cumbre y le convierte en el monarca supremo de los cerros ibéricos: la corona de sus ruinas arqueológicas, la de su ermita y la de su castillo.

Los ecos de una antigua elegía siguen escuchándose aún camino del Guadiana, a lo largo del breve tramo de carretera que desciende hacia el monumental puente de siete arcos donde el río parece ensimismarse recordando paisajes de égloga y tiempos que fueron fluvialmente mejores. Las casas ruinosas de la margen izquierda despiertan de nuevo sensaciones de olvido y abandono que parecen formar parte de la identidad de estos parajes, y esa misma sensación sobreviene también, al atravesar el puente, cuando se comprueba que, de sus siete majestuosos arcos, sólo uno cumple con su función. Dos de ellos se encuentran ciegos, ocultos entre la broza y el espeso ramaje; la presencia de los otros cuatro ojos es meramente decorativa. El agua discurre sólo por el arco más próximo a la curva de la carretera, y allí, en una de las múltiples piruetas de este río prestidigitador, caprichosamente cubierta por una vistosa lámina de ovas, se embalsa en una anchurosa tabla verde.

Dirigiendo la mirada hacia el norte, puede contemplarse el enorme lecho del río, ahora con su cauce reducido a un estrecho regato erizado de juncia y carrizos. Ese lecho zigzagueante, que hoy presenta el color del esparto, se prolonga hasta mucho más allá del moderno puente por donde cruza la carretera de Piedrabuena, y permite imaginar el grandioso espectáculo que debió ofrecer el río en sus crecidas.

Desde el puente, entre un débil murmullo de aguas corrientes, se oye un ruido confuso en el que se mezclan la égloga y la elegía con el crujido de las ruinas. Más allá de las lomas rizadas de riscos, las piedras del castillo recuerdan aquellos años en los que sus nueve torres se veían reflejadas en el Guadiana y aquellos días aciagos en que su cauce se tiñó de sangre cristiana y sarracena. Desde el otro pretil del puente, el que se asoma hacia el sur, el río, siempre errático e imprevisible, discurre en paralelo a la carretera, para más tarde girar hacia el oeste en busca de Luciana, deseoso de recibir allí el cauce vivificante del Bullaque.

LOS SUEÑOS DE UNA TORRE EN CARACUEL

En uno de sus más conocidos romances, Rosalía de Castro aseguraba, arriesgando en ello buena parte de su cordura, que hablan las plantas y las fuentes y los pájaros… Y podríamos añadir, exponiéndonos a correr el mismo riego, que también hablan las piedras, aunque con un lenguaje menos sonoro, con silenciosas sílabas minerales que pocas veces nos paramos a escuchar. Es el suyo un antiguo lenguaje que se manifiesta en las murallas de los castillos o en esas torres que han resistido, milagrosamente, el desgaste del tiempo y la erosión. Torres que aún se yerguen altivas, desafiando el paso de los siglos, como para ofrecernos el testimonio de un pasado en el que se asientan las raíces de nuestra historia y nuestra identidad.

La torre albarrana del castillo de Caracuel es un excelente ejemplo de ello. A su lado se levantan, ruinosos, unos paños de muralla que se esfuerzan en acompañarla en su largo viaje de supervivencia. Aunque una valla de alambre impide el paso hacia el castillo, es necesario subir hasta allí para escuchar *la música callada* que emana de esta torre. Construida por los árabes en el siglo IX, su antigüedad tal vez se remonta a algunos siglos antes, a la época prerromana, siguiendo una línea geográfica de castros y poblados que, avanzando hacia el este, se hace visible también en los yacimientos arqueológicos de Alarcos, Oretum y el Cerro de las Cabezas en Valdepeñas.

La mayor singularidad de esta rareza arquitectónica es su estructura pentagonal. Desmochadas ya sus almenas, algunas de sus esquinas aparecen también mordidas por los colmillos del tiempo, pero desde una cierta distancia su estampa aún resulta realmente fotogénica. Sus cinco lados parecen orientarse, con intención defensiva, no sólo hacia los cuatro puntos cardinales, sino también hacia otra dimensión más íntima desde la que se puede contemplar la cruda belleza de estos campos.

Hacia el sur, oculta tras los relieves de la sierra de Perabad, se encuentra la joya líquida de la laguna de Caracuel, un milagro estacional que no tiene nada que envidiar al Guadiana cuando pasa, más al norte, lamiendo las laderas de Alarcos. Allá, sobre su mítico cerro, son visibles la ermita y la fortaleza, reducidas a meros trazos que casi se diluyen sobre la cumbre. La torre de Caracuel se sentía antaño un poco abrumada por las nueve torres de aquel castillo que se reflejaba en el río; pero hoy, casi seco el Guadiana y desaparecidas las torres de Alarcos, ella continúa alzándose sobre el monte Nogales con una gallardía presuntuosa y casi vengativa.

Rodeada de ruinas, su figura resulta un tanto solitaria y desamparada, pero desde sus diez metros de altura vio caer a lo lejos, almena tras almena, la gran cerca con la que Alfonso X fortificó Villa Real, y también vio caer, piedra a piedra, sus ocho puertas de las que hoy sólo una, la de Toledo, pervive. Y desde la distancia, como si se empeñara en mantener un duelo de torres, ella todavía mira desafiante las dos torres más señeras de la capital: la de Santa María del Prado y la de la iglesia de San Pedro, que se divisan al noreste, como también se divisa la silueta estromboliana del volcán Cabezo del Rey, frente a Poblete.

Por estos contornos no hay más que dos iglesias, aunque sólo una de ellas ostenta una torre de cierta dignidad: la de Nuestra Señora de la Anunciación, en Corral de Calatrava. La de Caracuel, mucho más modesta, sólo tiene una humilde espadaña. Pero la iglesia corraleña eleva con orgullo la airosa silueta gótico-mudéjar de su torre, que algunas noches, según cuentan, habla a su manera, y no sólo con el bronce de sus campanas. Es con esta torre vecina con la que suele entablar extraños diálogos nocturnos la albarrana de Caracuel. En las noches de luna y viento dicen que se oyen voces por los alrededores del castillo, unas voces que, según unos, proceden de las aguas del Guadiana y, según otros, del roce de la erosión sobre las piedras. Hay incluso quienes aseguran que esas palabras, pronunciadas en algún idioma ininteligible, provienen de una mujer, con trazas de princesa antigua, a quien a veces se ve paseando entre las murallas.

Relatan algunas crónicas y no pocas leyendas que aquí vivió una mujer musulmana, llamada Zaida, que se convirtió al cristianismo por el amor a un rey. Zaida es un misterioso personaje a mitad de camino entre la literatura, la historia y la leyenda, que fue hija, según qué versiones, de Al-Mutamid de Sevilla o de Almamun de Toledo. Para unos fue concubina del rey Alfonso VI; para otros, una de las diversas esposas del monarca, quien recibió como dote para su boda estos y algunos otros territorios castellanos.

Pero más allá de la turbia verdad de las crónicas medievales, tan sólo el silencio de estas milenarias murallas guarda el secreto de Zaida, como guarda también la imagen de su cuerpo desnudo bañándose en uno de los aljibes del palacio. Algunas noches de verano, a la luz de la luna, las cinco paredes de esta torre cantan y cuentan ese y algunos otros secretos para quien quiera escucharlos.

En esta fortaleza, que llamaron Carcuvium los oretanos, veló sus armas Al-Mansur antes de vencer a Alfonso VIII en la más sangrienta batalla de la que fueron testigos las murallas de Alarcos. Estos campos, erizados de conos volcánicos, hace millones de años se tiñeron del rojo ardiente de la lava, y hace siglos se tiñeron del rojo de la sangre; pero hoy el único rojo que los cubre, a ras de suelo, es el de las amapolas primaverales, y a ras de cielo, el siena intenso de los crepúsculos del Campo de Calatrava.

Lugares cargados de historia, leyendas y batallas, que hoy son rincones bucólicos y solitarios, acosados por la carcoma de la despoblación, y que se han quedado al margen del ruido de las autovías o del bullicio de las estaciones de ferrocarril. Fueron el eje, las piezas esenciales de un esqueleto sobre el que se vertebró todo un imperio, y hoy han de conformarse con ser lugares de paso. Antaño discurría por aquí la vía romana que unía Mérida con Zaragoza, pero hoy, desde este mirador del monte Nogales, sólo se observan al fondo los trazos grises de alguna carretera secundaria; y de tarde en tarde, más allá de la laguna, hacia el sur, se ve cruzar el AVE camino de Puertollano y Andalucía: un relámpago fugaz que, entre la paz idílica de estos montes, es como un puro anacronismo de la modernidad que pasa, ruidosa y lejana, sin detenerse. Aunque en la memoria de la torre de Caracuel resuenan pífanos, añafiles y tambores de guerra, ahora los únicos ruidos que suenan por aquí son los motores de algún coche o de algún tractor lejano.

La joven y bella Zaida, la princesa mora, se asomaba a veces al ajimez de esta torre y, contemplando todos sus dominios del Campo de Calatrava, soñaba que algún día sería reina de España; y que, en consecuencia, los de su raza jamás abandonarían aquellos territorios conquistados hacía varios siglos. Pero también sabía que, al final, es el tiempo quien gana las últimas batallas, y que todo acabaría desmoronándose como ya había ocurrido con otras culturas, con otros imperios.

Y ahora, ante la contemplación de estas ruinas, vienen a la memoria aquellos versos de la «Epístola moral a Fabio», del capitán Fernández de Andrada:

> «Estos, Fabio, ay dolor, que ves ahora
> campos de soledad, mustio collado,
> fueron un tiempo Itálica famosa».

Estas ruinas no son las de Híspalis, aunque también son *campos de soledad, mustio collado*… Son las ruinas mucho más modestas de Caracuel, y ante su altiva torre albarrana se siente una emanación de antigua grandeza, aunque también se siente una intensa emoción elegíaca, una profunda melancolía al comprender que todo avanza irremisiblemente hacia el desmoronamiento. Todo, incluso nosotros mismos, que nunca dejamos de rodar por los despeñaderos del tiempo.

ENTRE EL VÉRTIGO DE LAS ASPAS
Y EL IMPULSO ESPIRITUAL
DE LA ESPADAÑAS

Los molinos, símbolo universal de los delirios quijotescos, son el icono paisajístico más representativo de La Mancha, y buscaron la altura de los cerros no para ser más visibles, sino para escuchar mejor la voz del viento. También los castillos, otra de nuestras más emblemáticas señas de identidad, alzaron sus murallas y sus torreones para dominar y defender, desde arriba, la llanura. Los cerros volcánicos del Campo de Cala-trava, ahora ya reconocidos como un patrimonio geológico de interés indudable, llevan millones de años contemplando estos paisajes desde sus miradores de lava. Y aunque con bastante menos literatura y menos leyendas, muchos pueblos eligieron los más altos cerros para edificar sus ermitas, llevados por un irrefrenable impulso espiritual.

Los antiguos pobladores ibéricos construyeron en altura sus castros y sus castellones, tal vez de ahí provenga la costumbre ancestral de edificar en las cumbres, que ha pre-valecido hasta hoy. Las más recientes de esas construcciones elevadas son las ermitas, que pese a su abundancia a lo largo y ancho del paisaje provincial, nunca han merecido mucha atención ni por parte de los escritores, ni por parte de los historiadores, ni siquiera por parte de los turistas. Al sueño espiritual de las ermitas le he dedicado por extenso alguno de los capítulos posteriores, aunque de momento, y a modo de introducción, bástenos con una ligera aproximación a una de ellas, enclavada en el cerro de Santa Brígida de Almodóvar del Campo.

A la ermita se llega por un carreterín bien asfaltado que asciende las empinadas cuestas llamadas del *reventón*. Y es que algunos pueblos creyeron que los altares debían estar lo más cerca posible del cielo, o bien que la devoción y la fe requerían dejar por el camino, además de sudor, no poco esfuerzo y sacrificio. Los olivares rampantes, desde todos los puntos cardinales, ascienden hacia la ermita robándole suelo a las retamas y a las encinas.

Santa Brígida fue una religiosa sueca, seguramente pálida y rubia, que de haber nacido por estas tierras habría sido morena y habría tenido los ojos del color de la aceituna. Además de ocho hijos, tuvo ciertas visiones místicas y, tal vez atraídos por la gran fecundidad de la santa, los olivos decidieron colonizar estos montes. Rodeado de riscos cuarcíticos y de la agreste vegetación circundante, el modesto edificio de la ermita resulta un tanto chato en su cumbre, pese a la airosa columnata de su porche, guarnecida con artesonado de madera. Mirado desde lejos, el edificio parece como acosado por las antenas metálicas de telecomunicaciones y por las agujas de los pararrayos. Si la hubiesen dejado elegir, la santa nórdica seguramente habría preferido ver la cumbre erizada de olivos y varas de avellano.

Hacia el suroeste, nos topamos con un horizonte cerrado de sierras, por cuyas laderas los olivos trazan la huella de su geometría puntillista; pero en la dirección opuesta los paisajes se abren hacia la luz más ancha y hacia los relieves suaves del Campo de Calatrava. La ermita, a falta de espadaña, ostenta sobre su tejado una pequeña cruz de Calatrava; pero su cruz más emblemática se levanta en el suelo, casi al borde del abismo, como asomándose protectoramente hacia el pueblo. Una gran cruz de hierro que tal vez evoca la visión que la mística tuvo de Jesucristo sufriendo el martirio de la crucifixión.

Cerca de ella, se levanta algo parecido a una alta espadaña encalada, de dos arcos, cuyos vanos actúan a modo de miradores. Desde allí, mirando hacia el norte, se extiende una planicie donde se suceden los rectángulos amarillentos de las hazas recién segadas, alargándose hacia un horizonte paleozoico de ondulaciones añiles, donde destaca majestuoso el cono volcánico del Morrón de Villamayor.

Y en primer término, como acosado también por los olivares que bajan despeñándose por la ladera, el pueblo de Almodóvar parece como aplastado por el peso de su historia.

Sobre sus casas gravita el recuerdo iluminado del maestro Juan de Ávila, y también sobre ellas se alarga la sombra de una torre monumental, la de Nuestra Señora de la Asunción, que guarda discretamente el secreto de su magnífico artesonado mudéjar. Con los primeros rigores estivales, las calles del pueblo parecen estirarse hacia el cráter de su gran laguna volcánica, pero su lecho seco, de un color terroso, hace tiempo que no conoce el color espejeante del agua. Arriba, sobre una colina, un molino se empina como si intentara ver reflejadas sus aspas en la laguna seca.

Aspas, cráteres volcánicos y espadañas: tres imágenes muy representativas de estos paisajes del Campo de Calatrava. Tres marcas de identidad que, entre el verde oscuro de los olivares, se vuelven una sola imagen desde el cerro de Santa Brígida.

Más al norte, pocas imágenes resultan tan altivas y atrayentes como la de los molinos de Puerto Lápice. Todo el norte de la provincia es una alta cornisa molinera. Al entrar por cualquiera de las carreteras que bajan desde Toledo, la vista se topa siempre con esas reliquias de cal que actúan como pórticos y parecen saludar al viajero con los inútiles brazos de sus aspas. Desde Fuente El Fresno a Campo de Criptana, los molinos están ahí, enclavados en sus cerros, para recordar la identidad quijotesca de estas tierras donde el espejismo se hace vertical y cilíndrico.

De este a oeste, los diez de Criptana, los cuatro de Alcázar, los siete de Herencia, los tres de Puerto Lápice y el solitario molino de Fuente El Fresno, constituyen una cohorte de blancos centinelas que parecen señalizar y salvaguardar el sueño de la llanura. Sus brazos, que en la imaginación quijotesca eran tan largos como los del gigante Briareo, ya no voltean ni hacen vibrar el aire por aquellos doce ventanucos por donde se filtraban los silbos de una extraña música molinera, silbos que convertían los molinos en una giratoria rosa de los vientos, en una flauta pánica de la llanura. Por semejantes oquedades, desde sus atalayas, los aspados gigantes sabían templar los rigores del ábrego, las ardentías del solano, las veleidades del cierzo o la hostilidad del matacabras. Pero hoy, transformados en objetos decorativos, más bien parecen erigirse en icónicas y altivas marcas territoriales.

Al margen de su plasticidad y simbolismo, es necesario subir hasta ellos no sólo para comprobar que su presencia sigue siendo intimidante y *retadora*, como escribió Cabañero en uno de sus sonetos, sino también para contemplar las espectaculares panorámicas que, desde las cumbres de sus cerros, nos proporcionan. Ya en su momento les dediqué cierta atención a los de Criptana, a los de Herencia y Alcázar, al imponente molino de Fuente El Fresno, solitario entre sus rocosos penachos. Sin embargo, me resultaba desconocida la más espectacular de todas esas panorámicas, la de los molinos de Puerto Lápice.

Desde allí, a 793 metros de altitud, se siente una turbadora sensación de infinito y se comprende el verdadero sentido de la palabra llanura. Varados en la inmensidad de La Mancha, estos molinos son como una triple bienvenida, tres redondas puertas de cal, siempre abiertas, que se levantan, entre aromas de monte, en la Sierrecilla. Los de Puerto Lápice son molinos agrestes, cuyo blanco resplandor destaca aún más entre la verde y espesa vegetación serrana. Antaño las aspas de estos molinos batían aires perfumados por la flor de la jara, y aún hoy parecen el retablo de un altar rodeado de acebos, jaras, abetos, encinas y chaparros.

Desde arriba se divisa una de las más abarcadoras panorámicas de la provincia. Abajo, el pueblo se extiende hacia el sur en forma de triángulo invertido, y entre la cal de sus fachadas destaca la silueta neorrománica de la iglesia de Nuestra Señora del Buen Consejo. Hacia el norte, la mirada se pierde en una inmensa planicie de lejanos horizontes, tachonada de hazas rojipardas y viñedos. Al fondo, se pueden reconocer los pueblos toledanos de Consuegra y Madridejos. Girando hacia el este, a partir de la ligera curva de la carretera, el paisaje se encrespa y asciende en lomas verdes y suaves, más allá de los olivares.

La autovía llega rectilínea desde Toledo, pero poco después de entrar en Ciudad Real traza una leve curva hacia la izquierda, como sorprendida ante el nuevo paisaje accidentado que de pronto, a uno y otro lado, ofrece la Sierra Calderina. El tajo gris de la A-4 divide una orografía que por aquí se muestra indecisa entre el monte y la llanura. En la lejanía, a casi dos leguas, se divisan las casas de Herencia.

Desde el poste del vértice geodésico, de espaldas a los molinos, hacia el sur se extiende de nuevo impasible la llanura, aunque la panorámica cambia radicalmente hacia el oeste. Es como si el poste encalado del Instituto Geográfico actuara como línea divisoria entre dos paisajes muy diferentes, dos imágenes orográficas distintas, pero que forman parte de la identidad geográfica de la provincia. Una dualidad que se refleja, desde aquí, en el fuerte contraste entre la vid y el olivo, entre el monte y la llanura.

A la izquierda, la infinita planicie se prolonga interminablemente hacia el sur, hasta mucho más allá de las cuadrículas de olivares, como buscando el espejismo del agua en el cauce del Cigüela a su paso por Villarta o por Arenas de San Juan, o buscando ese mismo sueño en los ciegos Ojos del Guadiana y en las escuálidas Tablas de Daimiel.

A la derecha, sin embargo, se vuelve más intenso el verde de los olivares, y los relieves de la Sierra Calderina se recortan en un juego de ondulaciones y picos que adquieren, a la luz del atardecer, evocaciones muy sugerentes, como sucede con la cumbre más cercana, que se eleva en una perfecta forma de pezón: un pezón por donde las nubes de los cielos manchegos parecen sorber los aromas de jara, tomillo y ajedrea que ascienden de las laderas de estos montes...

DE SACERUELA A LAS FUENTES DE CHILLÓN

Saceruela, en medio de la vía pecuaria entre Sevilla y Toledo, ostenta el privilegio de los lugares de paso. Uno puede imaginarse allí un continuo trasiego de peregrinos camino de Guadalupe, un ir y venir de enfermos en los hospitales creados por la Orden del Sacer en el siglo XVI. Orden que aún hoy pasea sus galas en las procesiones del Corpus Christi y que, desde entonces, dejó inscrita en el topónimo de la villa la marca de lo sagrado.

En la plaza, frente a un ayuntamiento cuya fachada ha decidido combinar armónicamente los grises y los blancos, una estatua de don Quijote, con la adarga y la lanza en ristre, reclama para este pueblo una insólita vocación cervantina. Y es que, en efecto, estos paisajes de poniente se encuentran muy alejados de los más conocidos escenarios quijotescos, aunque por aquí transcurrió uno de los más hermosos episodios de la universal novela, relato que reflejaba la rica tradición ganadera del pueblo. Se trata de la aventura de la bella pastora Marcela –uno de los personajes más modernos y feministas de la literatura clásica–, acusada de la muerte de su marido Grisóstomo,

Pero no sólo la ganadería, también la agricultura ha contribuido a sostener la economía de la villa; no lejos, en el parque próximo, sobre una rústica peana de piedras, un arado, convertido en símbolo de otra época, recuerda y homenajea a quienes dejaron su tiempo y su sudor sobre la gleba. Dicho con las palabras que pueden leerse en la placa, este sencillo monumento fue erigido «en recuerdo a los hombres y mujeres de Saceruela que a lo largo de los siglos estas tierras trabajaron y con su sudor estos campos regaron».

Saceruela es de esos pueblos donde el lustroso aspecto de sus fachadas denota un cierto aire de novedad

57

y juventud. Quedó arrasado por completo tras la primera Guerra Carlista, y después fue reconstruido un poco más arriba, en el lugar donde ahora se encuentra la fuente de la Hontanilla. Como en tantos otros casos, su memoria fue borrada pero renació con la tenacidad de los pueblos supervivientes. De otro conflicto bélico, no menos cruento, Saceruela conserva a pocos kilómetros el recuerdo de un aeródromo, con sus restos de torre y sus búnkeres, que usó la aviación republicana durante la Guerra Civil.

Las innumerables guerras arrasaron los pueblos, sin embargo, algunas construcciones sobreviven como homenaje a la vida. Tal es el caso de su puente romano, llamado así aunque data de época medieval, que fue construido para el paso del ganado y, paradójicamente, es conocido como el puente de los muertos. Los dos ojos y los tres tajamares sobre el arroyo Carrizoso saben que ese nombre se debe a que en sus aguas, alejadas del pueblo, se lavaban las ropas de los difuntos. Era una costumbre casi purificadora, pues de aquel modo se conjuraba la muerte.

Siguiendo la comarcal 415, una carretera local que gira hacia el sur atraviesa Gargantiel, dejando a un lado su puñado de casas solitarias, que parecen buscar amparo y sosiego bajo la sombra de su iglesia. Pocos kilómetros más allá, con no poca sorpresa, uno se topa con el recinto amurallado de Almadenejos, que bordea la población en su totalidad. Construida con mampostería de piedra y argamasa, y rematada por un airoso tejadillo de tejas a dos aguas, la de este cerco amurallado es una singularidad que en la provincia no tiene parangón.

La muralla, edificada a mediados del siglo XVIII, no fue erigida con fines defensivos, sino más bien laborales, pues se trataba de mantener activos a los obreros que se quedaron sin trabajo durante los tres años que se cerraron las minas a causa de un incendio. De ahí que aparezca rematada por tejas en lugar de las almenas propias de las fortificaciones medievales. Originalmente tuvo siete puertas, de las cuales sólo perviven dos, construidas en ladrillo: la Puerta de Almadén, dotada de cierto empaque arquitectónico, y mucho más sobria y modesta, la Puerta de La Mancha.

En Almadenejos, cuando cae la tarde, el cielo se tiñe de un color rojizo parecido al del cinabrio, al igual que ocurre en la vecina Almadén, ciudad a la que perteneció hasta 1836. Nada en la historia de este pueblo humilde puede explicarse sin su pasado minero, al que el sueño del mercurio ha alimentado desde hace más de veinte siglos. El Baritel de San Carlos, en cuyo interior se extraía el cinabrio mediante un torno, o los hornos de fundición del Cerco de Buitrones, donde se transformaba y envasaba el mineral, son reliquias arquitectónicas que aún revelan la identidad de este pueblo que siempre tuvo una irreprimible vocación alquimista.

Todo en Almadenejos, desde las cuatro mazas inscritas en su escudo hasta los hondos bancales de la mina de la Concepción, en la Dehesa de Castilseras, evoca esa identidad forjada en la lucha ancestral del hombre con la tierra. Sin embargo, este lugar, salvo por la singularidad de su muralla, no es ostentoso; incluso en el diminutivo de su topónimo parece llevar impresa la humildad. Quizás por eso el ladrillo es el material más empleado en sus edificios más señeros. Desde la cúpula cónica del Baritel de San Carlos (que presenta cierto estado de abandono) hasta la torre de la iglesia de la Inmaculada, o desde las mochetas de la fachada del ayuntamiento hasta las dos puertas reconstruidas de la muralla, los reflejos rojizos del ladrillo son el elemento arquitectónico dominante, como si se tratara de una prolongación mate de los brillos del cinabrio.

Centro administrativo y capital de toda la comarca, Almadén es uno de esos pueblos que han conseguido sobreponerse a su pasado y han tejido los hilos de un presente más o menos próspero. Bajo el esplendor del azogue, ha sido siempre enclave privilegiado de la región, núcleo minero donde la luz, al atardecer, todavía parece teñirse con brillos de bermellón. De su época de mayor apogeo, la poderosa y dieciochesca Almadén aún conserva la puerta de Carlos IV, o la insólita rareza arquitectónica de su plaza de toros hexagonal, reconstruida por fin tras muchos años de flagrante ruina. Sin embargo, esta población algunas veces ve pasar sombras tenebrosas por su memoria cuando recuerda su antigua cárcel, donde cumplían condena los presos que, en muy duras condiciones, habían sido condenados «a las galeras y crujía de la villa de Almadén», es decir, al trabajo en las minas. Unas penas por las que las figuras del galeote y del minero resultaban dramáticamente equiparables.

Pero el corazón de Almadén no se encuentra en esos recuerdos escabrosos de su pasado, ni tampoco en otros edificios emblemáticos que hablan de su historia, como el Real Hospital Minero de San Rafael; ni siquiera está en sus paisajes idílicos como el de la Dehesa de Castilseras. Su corazón reside en las oscuras profundidades de la tierra, a muchos metros bajo la superficie, y tiene el color del cinabrio. Los túneles y pozos de su subsuelo son como arterias por las que circuló el brillo rojo del mineral, la sangre mercurial que convirtió estas minas en el yacimiento más antiguo y más generoso del mundo.

Ese poderoso corazón se forjó a golpes de pico, pala y barrena, en un ininterrumpido ritmo de sístole y diástole que se prolongó durante siglos; pero sus latidos milenarios se detuvieron hace tan sólo un par de décadas. La peligrosidad del mercurio, unida hoy en día a su escasa rentabilidad, determinó el cierre de las minas. Dejó de escucharse la antigua canción del pico y la maza, se detuvo el trajín de las poleas de los castilletes y todo quedó reducido a un museo, a un Parque Minero donde pueden contemplarse las entrañas que hicieron grande el cuerpo de Almadén.

Desde entonces, también el río Valdeazogues siente cierta nostalgia de aquella plata líquida que le dio nombre y que a menudo mojaba sus aguas. Su corriente, más pura y descontaminada que nunca, sigue siendo un sosegado espejo donde ahora, a su paso, no sólo se reflejan los paisajes sino también las luces y las sombras de una larga memoria que es casi tan vieja como el mundo.

Poco más al norte, y también debido a su situación geográfica, Chillón ha ido forjándose el carácter de los pueblos fronterizos. Tiene alma cordobesa y vocación extremeña, pero las realidades administrativas hacen de él un territorio manchego. Y su mirador más preciado, el de la ermita de la Virgen del Castillo, ofrece una inusitada panorámica de las tres regiones que conforman su identidad. Allí, bajo la mirada bondadosa de su virgen gótica, se divisa la confluencia de tres valles muy renombrados, todos ellos de una larga tradición ganadera: el de Alcudia, el de los Pedroches y el de la Serena.

Al igual que Guadalmez, Chillón está marcado por el signo del agua, aunque las suyas son menos visibles, pues bajan desde la altura de sus cerros hasta los numerosos caños que, desde antiguo, han hecho singular a este pueblo. Frente a las aguas silenciosas del río a su paso por el puente de las Arenas, Chillón es un continuo gorgoteo de fuentes, un rumor de chorros cuyas aguas, dulces o ferruginosas, han servido en otros tiempos para abastecer a la localidad o se han usado como lavaderos públicos, o bien se han aprovechado sus propiedades medicinales, tal es el caso de La Herrumbrosa. Otras como la de El Bombo incluso se utilizan como estaciones de un pintoresco viacrucis cuando la Virgen del Castillo, patrona de la localidad, sale en romería cada 12 de agosto.

Construida sobre un antiguo castillo, alzada sobre roca tajada en la Sierra de Cordoneros, y con su torreón almenado, la ermita de esta virgen está dotada de un magnetismo especial; quizá por eso atrajo a santos andariegos tan ilustres como San Juan de la Cruz o Santa Teresa de Jesús. Su espectacular enclave no podía sino alimentar un cierto espíritu de elevación y de algún modo ha marcado la identidad chillonera, su tradicional vocación religiosa. Según lo describen las *Relaciones Topográficas de Felipe II*, en 1579 tenía sólo unos 800 habitantes, debido a que había quebrado su fábrica de paños; sin embargo, Chillón contaba ya con ocho ermitas y dos conventos, uno con 40 monjas dominicas y el otro con 15 monjes franciscanos; tenía también dos hospitales, uno para pobres forasteros y otro para mujeres pobres.

Tres siglos más tarde, a mediados del XIX, cuando Pascual Madoz publica su *Diccionario geográfico, histórico y estadístico de España y sus posesiones de Ultramar*, figuran ya como «arruinadas» cuatro de sus ermitas. La descripción de Madoz, sin embargo, es pródiga en la enumeración de las numerosas fuentes de aguas potables y ferruginosas, así como los caños, charcas o pozos situados en cada uno de los puntos cardinales, incluso los dos puentes y el arroyo que rodea la villa. «Situada en una loma y rodeada de ásperas y elevadas sierras», se dice que Chillón es una «villa de clima templado pero enfermo por el trabajo de las minas de azogue», y es que, por entonces, la mayoría de vecinos se dedicaban al trabajo de los hornos de destilación del azogue en las minas de Almadén.

Hoy el aire que por allí se respira es puro, y de todos aquellos edificios religiosos sobreviven, junto con las ruinas del convento de San Antonio, tan sólo dos: la ermita del Castillo, en la Sierra de la Virgen, y la del Santo Cristo de la Caridad. De su pasado señorial quedan restos en algunas fachadas, en algunos blasones y puertas adinteladas, entre ellas la Casa de la Inquisidora. Pero queda, sobre todo, la recia estampa de la iglesia de San Juan Bautista, que fue construida en el patio de armas del castillo de los Donceles, con sus cuatro torreones cilíndricos y su torre del homenaje, sobre la que se alza un campanario rematado por nidos de cigüeñas.

Abajo, próximo a la plaza de toros, un gran mural lleno de dinamismo colorista recuerda la tradición de *la Vaquilla*, muy distinta a los habituales toros de fuego que proliferan por la península. Un armazón de madera pintada y cuero sirve para representar a esa vaca que, a golpe de tambor, es llevada en pasacalles por el pueblo, en un festejo que viene a conmemorar el final de la peste que asoló la población en el siglo XVI. Un festejo simbólico a través del cual se recuerda que San Roque, el santo patrono, sigue ejerciendo su protección sobre el pueblo.

EL SILENCIO DE ANCHURAS

Ya apenas se habla de Anchuras, pero sigue teniendo el aura mítica de los pueblos luchadores.

Treinta años después de las movilizaciones que, a partir de 1988, le dieron fama porque se convirtió en bandera contra un proyecto irracional, Anchuras ha vuelto a sumergirse en su sueño bucólico y agreste, en ese silencio de los pueblos que parecen milagrosamente apartados del contacto con la civilización. Su aislamiento geográfico, debido a su peculiar ubicación, los avatares de su historia y los caprichos de las divisiones territoriales, han contribuido a hacer de él un oasis en mitad de otro oasis, el de los Montes de Toledo; sin embargo y como contrapartida, todo eso ha desencadenado en Anchuras el conflicto de una identidad inestable.

Por lo que respecta a su dimensión mítica, Anchuras forma parte de mi propia memoria, juvenil y beligerante, aunque también pertenece a una memoria literaria de la que ya dejé testimonios escritos. En el año 2009 le dediqué en *Más allá de la llanura* un doble recuerdo, lírico y narrativo. El recuerdo narrativo era un cuento antimilitarista titulado «La llama encendida», que jugaba con la siniestra hipótesis de que el proyectado campo de tiro se hacía realidad. Dicho relato, con el que obtuve en 1989 el premio Francisco García Pavón de Tomelloso, llevaba una significativa cita del génesis: «Expulsó al hombre y puso delante del jardín del Edén un querubín, que blandía flameante espada». Posteriormente se lo dediqué a Santiago Martín, por entonces alcalde socialista del pueblo.

El otro recuerdo, el lírico, se refería al libro *Poemas de la Diana,* de la inolvidable poeta valdepeñera Sagrario Torres, siempre comprometida con su tierra. El poemario, editado en 1993, surgido de aquellas movilizaciones en

Anchuras, donde ella también participó, estaba marcado por un fuerte espíritu crítico y solidario, pero al mismo tiempo poseía el valor de una égloga virgiliana por su exaltación de una naturaleza idílica. Un poemario del que, en las páginas del libro citado, dije que «pocas veces en nuestra lírica se ha cantado tan apasionadamente a la flora y a la fauna, a las gentes sencillas que tienen sus raíces hundidas en el suelo nutricio, a los pastores y a los campesinos, a los encinares y a los herbazales, a las verdes rañas y a las agrestes soledades de Anchuras... Todo un universo amenazado, un paraje condenado a ser *Diana* y que, afortunadamente, consiguió mantenerse vivo, intacto frente a la irracionalidad militarista».

La introducción que Sagrario Torres dejó escrita en sus *Poemas de la Diana,* posee no sólo la contundencia de una proclama o de un manifiesto, sino también la pasión y la intensidad lírica de una carta de amor a su tierra:

> «Amo a mi tierra. Mirando sus llanos sin fin, descubro en mí la última aspiración a un último más allá, que yo vivo como promesa. Pisando y contemplando las islas de verdura que la esmaltan, los animales que de ella se nutren, las aves que la cruzan, los árboles y las humildes flores que la adornan, se alza dentro de mí la impresión de que esa promesa ha empezado a cumplirse. Amo, en fin, a los hombres humildes y laboriosos que en mi tierra tienen hogar, pan y esperanza. De ese triple amor ha nacido mi poema. Como mías he presentido las heridas que la realización de un proyecto destructor infligiría en el rostro de mi tierra y en la multicentenaria costumbre de los hombres que en ella y de ella viven. Y con la esperanza de que las palabras ahora impresas fuesen rogativo y conjuro sobre la proyectada amenaza, con dolor e ilusión las fui sacando, una a una, de lo más hondo de mi corazón».

Muchas cosas han cambiado desde entonces, pero Anchuras continúa envuelta en sus verdes y bucólicas soledades. Y como si se tratara de un inquebrantable compromiso de fidelidad a su pueblo, su alcalde continúa siendo el mismo. En un inusitado ejemplo de tenacidad o de éxito, salvo un paréntesis de ocho años, muchas legislaturas después Santiago Martín aún sigue siendo jefe de aquel consistorio. Con una población decreciente que no llega a los trescientos habitantes y una densidad de 1,4 habitantes por kilómetro cuadrado, desgajado geográficamente de Ciudad Real, territorio equilibrista entre cuatro provincias y limítrofe con el Parque Natural de Cabañeros, el de Anchuras es un rincón privilegiado del mapa, un enclave que parece buscar refugio y anonimato entre los Montes de Toledo. El risco de las cuatro provincias, sobre las aguas del embalse de Écija, es un vértice muy singular donde coinciden los límites de Ciudad Real, Toledo, Cáceres y Badajoz.

Pueblo aislado y fronterizo, Anchuras es como un puntal sobre el que se sostuviera el frágil equilibrio de un ecosistema interprovincial, una especie de remache geográfico que mantiene sujetas las costuras de unas comarcas que, en el fondo, no están muy bien encajadas entre sí. En unos tiempos en los que la gente ha dado la espalda a los pueblos, Anchuras es como un islote donde se impone el dominio absoluto de la naturaleza, un pedazo de paraíso aún incontaminado, con sus erosionadas sierras de suaves laderas, sus amplias rañas, sus cerros cubiertos de matorral, sus valles y barrancos…

Pero las tierras fronterizas corren un peligro: el de acabar convirtiéndose en tierra de nadie, en territorios olvidados que cualquiera, en algún momento, puede reclamar. Por eso, un lejano 20 de julio de 1988, el gobierno de turno reclamó aquellos espacios vírgenes para declararlos «zona de interés para la Defensa» y ubicar allí un campo de tiro. Y lo hizo sin sonrojo, con esa proverbial falta de escrúpulos con la que a menudo actúan los políticos.

Parecía que, como siempre, las tierras de nuestra provincia (que a menudo fueron consideradas lugares de paso) iban a ser el rincón sin dueño sobre el que caerían, una vez más, las garras del expolio. O dicho de otro modo, que ese rincón paradisíaco no sólo se convertiría en otra víctima de oscuros intereses, sino también en víctima de la barbarie. Imaginar que aquellos parajes acabarían convertidos en un campo de entrenamiento para el ejército del aire, fue la mayor insensatez que oímos en toda la década, y no fueron pocas las insensateces que escuchamos por entonces.

Indeciso entre varias comarcas, Anchuras nunca tuvo una identidad muy clara ni tampoco encontró con facilidad su lugar en el mapa, su lugar en el mundo. Eso se vio reflejado hasta en lo cambiante de su nombre y sus apellidos. Data del siglo XV su primer asentamiento conocido, que fue de colmeneros, de ahí el sugerente nombre de La Nava de los Enjambres, proveniente de los tiempos en que era un humilde caserío de apenas veinte chozas. Con posterioridad, se llamó primero «de la Jara» mientras estuvo administrada por Talavera y perteneció, hasta el siglo XIX, a la comarca del mismo nombre. Fue también aldea pedánea de Sevilleja hasta que, en 1785, se declaró municipio independiente y pasó a llamarse, por fin, Anchuras del Monte.

Se llamó Anchuras quizá por la transparencia de su luz o por la amplitud de sus horizontes rañeros, pero podría haberse llamado Honduras por la hondonada en la que está situado, a una altitud de 500 metros, bastante por debajo de la altitud media mesetaria. Y aún hoy, aunque ya ha encontrado su nombre y su lugar en el mapa, el pueblo conserva una cierta desorientación geográfica, o una cierta dislocación de alma, ya que depende administrativamente de Ciudad Real, pero sanitariamente está adscrita a Toledo. Con el correr del tiempo y lo inevitable de tantas fluctuaciones, Anchuras ha decidido aceptar su idiosincrasia sin hacer de ella un conflicto identitario, sino más bien considerándola como un triple privilegio: el de ser a un mismo tiempo talaverana, manchega y extremeña.

Anchuras, Enjambre, Gamonoso, Las Huertas, Encinacaída: nombres altos, sonoros y significativos, como los que don Quijote buscaba para su rocín y su sin par Dulcinea. Topónimos todos ellos, especialmente los de las cuatro aldeas anejas, que conservan la pureza fundacional de esas palabras que definen la identidad de un pueblo desde sus orígenes.

De camino a Las Huertas del Sauceral sorprende el puente romano sobre el río Estenilla, que levanta sus tres arcos sobre un cimiento de riscos: un ejemplo de simplicidad constructiva al mismo tiempo que un prodigio de ligereza y elegancia. Esa misma simplicidad de líneas ofrece también la antigua iglesia del Gamonoso, actual parroquia de la Asunción, de una austeridad arquitectónica que dice mucho del carácter sobrio de sus pobladores.

Desde el Risco de la Cruz, a ciertas horas del día, cuando el sol está alto, se ve la cal de las fachadas del pueblo ascender suavemente rañas arriba, como queriendo asomarse a unos horizontes que le están vedados; horizontes que, allá al fondo, parecen actuar como una barrera azulada que envuelve al pueblo en su silencio bucólico y sigue protegiéndolo contra toda clase de amenazas exteriores.

LAGUNAS VOLCÁNICAS Y OTROS PAISAJES CON VOLCÁN AL FONDO

Las lagunas de origen volcánico son una peculiaridad geológica exclusiva de estas tierras. Declaradas en su mayoría monumento natural, son además uno de los elementos paisajísticos más significativos de un posible mapa del estiaje, ya que, salvo temporadas de lluvias generosas, suelen encontrarse secas. Lagunas como la de Hoya de Cervera en la almagreña Sierra del Arzollar, con su alto farallón cuarcítico y su cráter de 140 metros de profundidad; la de Peñarroya en Alcolea, donde se refleja el imponente cono estromboliano del volcán; la laguna salina de Pozuelo de Calatrava, por donde han llegado a verse colonias de flamencos tras las lluvias primaverales; la de Michos, al pie de la Sierra de Abenójar, la de la Alberquilla en Mestanza, las de Almodóvar del Campo y Caracuel, las tres de Malagón, las tres de Moral de Calatrava y, tal vez la más conocida de todas, la de La Posadilla en Valverde, con su cráter de 100 metros de profundidad.

Merece la pena ir a pie hasta La Posadilla desde el cerro de Alarcos, siguiendo un breve tramo de la carretera que cruza sobre el Guadiana. Al otro lado del puente se abandona la carretera y se toma el Camino Natural del Guadiana, en dirección a Valverde. Quedan siempre a la espalda las macizas murallas del castillo y la ermita, pero conviene volver de cuando en cuando la vista para contemplar los dos edificios, tan distintos, totalmente fundidos con el relieve de su cerro. El camino de grava, flanqueado en su margen izquierda de acacias jóvenes, madroños y retama, conduce tras algunas cuestas hasta una zona ajardinada a la entrada del pueblo; pero ni siquiera es preciso adentrarse en Valverde, sino seguir por la calle Saliente para iniciar el suave ascenso por la carretera que discurre entre las fértiles huertas que llevarán hacia la senda del volcán.

Como haciendo honor al nombre del pueblo, a la izquierda se ven ascender en suaves pendientes, como si fueran verdes coladas de lava, el verde oscuro de los olivos y el otro verde, intenso y prematuro, de los cereales. Hogaño la primavera viene muy adelantada y, a primeros de febrero, la estrecha senda que sube hacia la cumbre se encuentra ya cubierta de almendros en flor.

Pese a las últimas lluvias invernales, la laguna de La Posadilla está seca, al igual que tantas otras lagunas volcánicas, que sólo tienen color azul en los mapas o en la memoria. Su oblongo lecho presenta unas tonalidades grisáceas. A ese maar de medio kilómetro de diámetro le falta, pues, su cualidad principal, que es la de ser un espejo donde se mira con orgullo la geología volcánica del Campo de Calatrava. La mezcla del magma con las aguas subterráneas dejó aquí, hace millones de años, la huella explosiva de este inmenso cráter, ahora rodeado por una verde corona vegetal con incrustaciones de cuarcita.

Desde arriba, mirando hacia poniente, el horizonte se convierte en un collar azulado de líneas convulsas cuyas cumbres redondeadas parecen entonar aún una antigua danza geológica que ahora, en medio del silencio, aún puede escucharse. Al fondo, entre unos y otros pliegues del terreno, emergen las casas blancas de Alcolea.

Este es un paisaje que sólo da pie a imaginar hazañas de la naturaleza, grandes convulsiones de la tierra, colosales explosiones hidromagmáticas, al lado de las cuales resultan empequeñecidas hasta el ridículo las hazañas de los hombres. Tal vez por eso no es visible desde aquí el castillo de Alarcos, porque la naturaleza a veces prefiere ignorar las páginas que la Historia escribió con sangre de batallas. Sin embargo, sí es visible aún, hacia el este, la ciudad que un rey bueno y sabio, Alfonso X, amuralló para convertirla en la capital de su reino.

En el extremo norte del Campo de Calatrava, en los confines del Geoparque, hay otras tres lagunas volcánicas que, aunque han sido declaradas reserva natural, son menos conocidas. Pasado Malagón, más allá del canalizado cauce del Bañuelos, al pie de las crestas de la sierra se extiende un inmenso maar; un paisaje donde, entre olivares y viñedos, espejean las tres lagunas de Malagón, denominadas, según su tamaño, la pequeña, la de en medio y la grande. Esas tres navas podrían ser tres zafiros o tres incrustaciones con brillo de turquesa, pero las dos primeras son apenas charcos y tan sólo la última, la Nava Grande, presenta un aspecto saludable, recuperada tras la última temporada de lluvias. Bajo la crestería pleistocénica de la sierra, ceñida por un cinturón de olivares e invadida por una amplia extensión de carrizos, se extiende un enorme semicírculo de agua, que parece adquirir un brillo plateado de alfanje.

A poca distancia de allí, perdida en un bucólico remanso de soledad, se encuentra la aldea del Espíritu Santo, agrupada alrededor de la ermita que le da nombre. En el amplio patio del santuario se observa una tendencia cartesiana a la línea recta, a la forma pura, a la proporción y a la simetría, una sensación que contribuyen a reforzar las pilastras de madera nueva, las paredes recién encaladas y los cuatro cipreses que se levantan en cada uno de los rincones del patio. Junto a la puerta de la ermita, un naranjo y un ara de piedra granítica crean una contradictoria sensación de paganía y religiosidad al mismo tiempo. Como contagiadas por esa vocación simétrica, también las calles del pueblo se alargan rectas y anchas, con sus casas bajas, nuevas y remozadas, que tienden a conservar los blancos de la cal y los añiles de los zócalos.

Frente al pueblo destaca majestuosamente el monte de la Solana, con sus grandes paredones rocosos que parecen actuar como una barrera defensiva y protectora de la ermita. La subida hasta la cima por el barranco es larga porque el ascenso por la empinada ladera resulta áspero y difícil. Los olivos dan paso pronto a macizos de jaras y chaparrales que a veces van cerrándose hasta convertirse en una vegetación inextricable. Además, la ladera tiene tramos pedregosos y escarpados, con derrumbaderos de piedra cuarcita, que producen la sensación de estar transitando un territorio casi inexplorado todavía.

En cualquier caso, una vez coronada la cima, las vistas no decepcionan. Desde allí arriba, hacia el sureste, se ve el agua del embalse de Gasset; abajo, en primer término, la geometría rectangular del pueblo Espíritu Santo y un amplio paisaje moteado por el verde oscuro de los olivares. Enfrente, a lo lejos, las murallas azuladas de dos sierras, la del Sotillo y la de Casalobos, que dejan en medio una inmensa planicie salpicada de hazas verdeantes, de olivares que parecen trazados con técnica puntillista. Y hacia el oeste, el pueblo de Porzuna, enclavado entre las laderas de los cerros y un poco difuminado entre la neblina.

De la calle Real de Porzuna sale un camino asfaltado; allí una placa, sobre una gran cruz de granito, advierte: «Al final de este camino se encuentra la Santa Ermita de la Cruz de Mayo… Construida en el 1900 como ofrenda por Doña Felicidad Camarena Rivas y Doña Valentina González Palomares, si sus hijos Teodoro y Tomás regresaban salvos de la guerra de Cuba…».

Lo que esa placa no dice es que el camino, salvo en un par de curvas, fue diseñado casi en línea recta ascendente hasta la cumbre del cerro, lo cual significa que presenta unas rampas infernales, del quince por ciento de desnivel, que en ningún momento dan tregua al caminante. Tal vez por ello, de cuando en cuando aparece el milagro de algún banco de madera para aliviar su fatiga. Bancos que son como ocho o nueve estaciones de un duro vía crucis durante el cual se recibe el consuelo de unas vistas muy singulares: las del volcán Cerro Santo.

Desde la distancia, el edificio volcánico, con la ermita sobre su cima, tiene el vago aspecto de una fortaleza, circundada por caminos de tierra oscura y rojiza. Frente al verde de los olivares lejanos y el de la vegetación circundante, sus peladas y negruzcas laderas semejan un lugar maldito y estéril derramándose hacia las casas del pueblo.

Camino arriba, pasado un despeñadero de gigantescas rocas cuarcíticas, tras un par de curvas por fin aparecen, cercanas, la gran cruz y, junto a ella, la ermita. Desde la cima se aprecia bien el contraste entre las negruzcas laderas del volcán y el blanco de las fachadas del pueblo, que se desparrama en forma de triángulo hacia el este. A medida que se acercan a la ladera oriental del volcán, las calles se van abriendo en forma de pinza, formando dos brazos que van alejándose como si intentaran evitar la tierra baldía del volcán. Contemplado panorámicamente, Porzuna se ve como un maar que avanzara a impulsos de lava por el paisaje. Sus tejados rojos y la cal de sus casas se alargan desde la ladera volcánica como una enorme corriente de lava, de entre la que apenas destaca la torre de la iglesia de San Sebastián.

Desde las rocas sobre las que se levanta la ermita, Porzuna parece un pueblo acosado y huidizo. Por un lado, el volcán, cuya cercanía resulta bastante intimidatoria. Hacia el noreste, más allá de las casas, bajo la línea montuosa de la sierra de la Peralosa, se extienden en unas u otras direcciones enormes manchas oscuras que tienen la apariencia de aguas estancadas, como si se tratara de lagunas rebosantes de agua sucia y opaca. Pero la forma rectangular de algunas de ellas hacen desvanecerse el espejismo, ya que son en realidad una inmensa extensión de placas fotovoltaicas.

Por otra parte, una maraña de verdes ásperos se despeña desde la crestas rocosas de la ermita hacia el pueblo, que por el sur aparece rodeado de encinas, arbustos y algún que otro olivar, únicos verdes que, a finales del verano, compiten cromáticamente con los dorados intensos de los rastrojos.

En casi todas las direcciones el horizonte se alarga y la luz se ensancha hasta topar, por el noroeste, con la sierra del Trincheto y, aún más al oeste, con el Parque de Cabañeros. En medio, una inmensa planicie fragmentada en multitud de cuadrículas amarillentas, entre las que se interponen las manchas oscuras de algunos olivares. Dos carreteras se ven reptar hacia el norte, como desorientadas, en mitad de esas agrestes soledades. Y en contraste con la anchura y transparencia de tales parajes, si se vuelven los ojos hacia el sur la luz se torna opaca de pronto y el horizonte se acorta, la vegetación del monte se hace más espesa y ya sólo cabe imaginar, más allá, un paisaje de cumbres, barrancos y tupidas laderas que conducen, cruzado el arroyo de la Peralosa, hasta las rañas de Piedrabuena.

La ermita del 3 de mayo se encuentra como en el vértice de esos dos paisajes tan diferentes, pero su cruz mira hacia abajo, hacia el pueblo y hacia el volcán Cerro de los Santos. Curiosamente, su interior no alberga vírgenes ni santos. Tres sillas a modo de reclinatorio están situadas ante un altarcillo sobre el que reposan, entre dos candelabros, las imágenes de tres Niños-Jesús idénticos. En el centro, una cruz de cuyos brazos cuelgan varios crucifijos. Sobre las repisas frontales y las paredes laterales se agolpan numerosas figurillas y cuadros de temática religiosa, lo cual le da al pequeño recinto un cierto aire de bazar.

También el exterior de la ermita resulta llamativo por la doble imagen arquitectónica del humilde edificio, que presenta una división en dos cuerpos, uno de fachadas encaladas y otro, de igual tamaño, construido con piedras y ladrillos. Ello se debe a que, según rezaba la placa citada al principio, en 1998 se hizo una ampliación del primitivo edificio, antes de ser inaugurada y bendecida el 3 de mayo del año siguiente, fecha a la que debe su nombre.

Tres panorámicas muy distintas, pero que reflejan muy bien la identidad de estas tierras, que no son quijotescas, vendimiadoras ni molineras, y que están dominadas por el verde milenario y geométrico de los olivos. Tierras volcánicas, duras y fértiles, por donde las alpacas y los rastrojos ofrecen señales de su condición cereal y ganadera. Paisajes de más allá de la llanura, de horizontes curvos y azulados, donde el blanco primaveral de los almendros va siendo remplazado poco a poco por el brillo negro de los paneles fotovoltaicos. Lugares por los que continúa creciendo la amarga semilla de la despoblación.

ENTRE MESTANZA Y SOLANA DEL PINO

En los confines del Campo de Calatrava, mirando hacia los cercanos horizontes de Sierra Morena, Mestanza se deja acariciar por los aires del sur. Los tres ríos que riegan su término municipal, el Fresnedas, el Ojailén y el Montoro, cansados de llanuras quijotescas, decidieron dirigir sus aguas, a través del Jándula y el Guadalquivir, hacia el antiguo reino de Tartessos.

Mestanza lleva impreso en su nombre un ruido de esquilas, una nostalgia de pastos tiernos y un laberinto de cordeles, cañadas y caminos. Existen otras teorías sobre el topónimo, sustentadas en la filología o en la historia, pero más allá de lo que digan los eruditos, esas tres sílabas de Mestanza huelen a lana virgen, a intemperies de invierno, a largas trashumancias, a las fértiles dehesas del Valle de Alcudia y a las antiguas rutas pecuarias de la Mesta.

Todo aquí evoca aquella añeja tradición pastoril que simbólicamente se representa, sobre fondo verde, en el carnero y la oveja de su escudo. Mucho más reciente, en la plaza del Calvario, frente a un doble mural, se alza un conjunto escultórico en bronce dedicado al pastor trashumante, acompañado de su perro. Una obra de estilo realista realizada por Carlos Guerra, mediante la cual Mestanza pretende reivindicar su identidad y sus raíces históricas. Por estos parajes habrían sido felices, sin ninguna duda, los garcilasianos Salicio y Nemoroso, aquellos pastores que no tenían más oficio que contarse sus penas amorosas mientras cuidaban de sus rebaños.

Además del pastoreo, las señas de identidad de este pueblo se han forjado en las minas. Primero en las minas de carbón de la vecina Puertollano, y posteriormente en las de galena argentífera del Valle de Alcudia. Como consecuencia de la actividad minera, mantenida desde la dominación romana, los frondosos paisajes de antaño se transformaron en inmensas dehesas pobladas de encinas dispersas. Las minas de plata y plomo necesitaban permanentemente leña para sus hornos, y ya Roma se encargó de esquilmar no sólo los minerales del subsuelo, sino también la superficie vegetal del valle.

Esta tierra siempre fue rica y generosa en minerales. Almadén, El Horcajo, San Quintín o Diógenes… son nombres llenos de historia, que todavía evocan la dura lucha del hombre con la tierra; lugares que un día fueron hervideros de vida, pero hoy son cementerios de escombros, ruinosos poblados fantasmales, dédalos subterráneos de galerías ciegas y filones muertos, laberintos de túneles y pozos inútiles que nunca conocieron la luz ni la esperanza.

Entre Mestanza y Solana del Pino, poco más allá del embalse del Montoro, la mina Diógenes ofrece un buen testimonio de los estragos del tiempo. Después de treinta años de intensa actividad, fue clausurada en 1979, pero miles de toneladas de plomo argentífero fueron extraídas de sus pozos, que llegaron a alcanzar profundidades de más de trescientos metros tierra adentro. Hoy sólo quedan cicatrices de un mundo desaparecido, por donde crecen el jaramago y otras señales del abandono.

En medio de este escenario espectral lo que se siente es una intensa emoción elegíaca, esa emoción que suelen transmitir las ruinas y los despoblados. Los muros de un edificio, muy erosionados, han dejado una caprichosa formación de restos puntiagudos que han adquirido cierto aire de almenas, como si los espacios interiores hubiesen pretendido encastillarse contra el paso del tiempo. Otros edificios aún se mantienen en pie, pero sus paredes presentan grandes desconchones que son la huella más visible de la corrosión. Unos montículos de tierra negruzca ponen brochazos de luto en este paisaje de casas huecas, ventanas asomadas al vacío, puertas invadidas por la maleza y muros amenazados por la cercanía invasora de las encinas.

Algo alejado del poblado, el lavadero se alza casi intacto, como un siniestro albercón cuadrado, cuyas paredes parecen preservadas de la destrucción por las vallas de alambre que rodean su perímetro. Asomarse ahí produce un vértigo extraño, como si se tratara de una boca que comunica con las cavernas más hondas de la tierra o con los pozos que se cerraron para siempre. Y presidiendo ese escenario de soledad y silencio, se levanta el poste metálico del tendido eléctrico, ya sin cables y sin función alguna, como una metáfora de este mundo condenado a la oscuridad y al olvido.

A lo largo de la historia, las tierras de este valle han ofrecido siempre sus mejores pastos, han proporcionado sus mejores minerales, incluso han sacrificado su mejor madera para mantener vivos los hornos de las minas… Aún hoy se ven cruzar las sombras de los corzos o de los jabalíes, y se oyen incluso los aullidos de los lobos por las laderas de sus montes; pero por encima de todo y a pesar de todo, estas tierras continúan exhibiendo un patrimonio natural inalienable que es el de su belleza paisajística.

Pocos kilómetros más al sur, siguiendo la carretera comarcal, Solana del Pino surge de pronto como un milagro entre los pliegues de las montañas. Es uno de esos pueblos que conviene pararse a mirar desde lejos, y para ello, antes de acercarse a sus calles y a sus casas trepadoras, no hay nada mejor que el mirador del Puerto de Rehoyos, que ofrece una espectacular panorámica del pueblo, situado en la ladera sur de la Solana de Umbría, al abrigo de varias sierras que van superponiéndose hacia el sur. Las casas, con sus zócalos de piedra y sus fachadas encaladas, se desparraman por la ladera bajo un cielo donde a veces se ve planear la altiva sombra de las águilas.

Pueblo con vocación sureña y espíritu fronterizo, al igual que Mestanza, sus dos ríos, el Montoro y el Robledillo, fluyen a través del Jándula hacia el Guadalquivir. Sus tierras, como las de otros lugares del entorno, han sido habitadas desde tiempos remotos, y algunas de sus pinturas prehistóricas dan testimonio de ello. Las más accesibles y próximas a la población, enjauladas tras una verja metálica, son las del Peñón Amarillo, una página en piedra que junto a otras pinturas rupestres como las de Peña Escrita en Fuencaliente, constituyen un auténtico códice miniado de la cultura prerromana.

Por lo accidentado de su enclave, las de Solana del Pino son tierras poco propicias para la agricultura, pero esa carencia la ha compensado la naturaleza con una extraordinaria biodiversidad. Su riqueza cinegética era ya subrayada en el *Diccionario* de Pascual Madoz, donde se dice que allí «se cría mucha caza de todas clases». Y esa abundancia ya ha pasado a formar parte de la identidad del pueblo, simbolizada hoy no sólo en los dos animales que, sobre fondo amarillo y verde, luce en su escudo, sino también en la estatua rampante de una cabra montesa que se alza en la plaza de Sierra Morena.

Varias constelaciones, diseñadas en piedra sobre el suelo de esa misma plaza, actúan como una suerte de espejo que intenta reflejar el mapa celeste. Las estrellas de semejante mapa invertido pretenden reclamar la atención de un turismo diferente que prefiere mirar hacia arriba, hacia las altas noches estrelladas de Solana del Pino. La pureza y transparencia de su aire, junto con la ausencia de contaminación lumínica, convierten el pueblo en un lugar idóneo para la observación astrológica.

Por los límpidos cielos de Solana del Pino cruza a veces la sombra de las águilas, y en los cielos nocturnos de verano despliega también sus alas estrelladas la constelación del Águila, siempre con Altair, su estrella más brillante, oteando los escarpes de las sierras. La preocupación e interés del pueblo por su entorno natural, que es uno de sus bienes más preciados, se refleja en la creación de ANASMA: Asociación Natural Aullidos de Sierra Madrona, que trabaja por la conservación de la biodiversidad y por la recuperación del lobo ibérico.

A pocos kilómetros de allí, la pedanía de Las Tiñosas es un lamentable ejemplo del abandono en que se encuentran algunas poblaciones, pero hay nombres que no ayudan a mantener firmes los cimientos de sus casas, y el de Las Tiñosas es uno de ellos. Fueron demolidas buena parte de las viviendas, que en su tiempo habitaron trabajadores de las minas de Puertollano y, una vez más, el cierre de las minas cayó sobre el poblado como una maldición corrosiva. Lo que pudo haber sido un lugar paradisíaco quedó reducido a un rincón sin futuro, camino de ninguna parte. Tan sólo se salvaron, tras ser declarados Bienes de Interés Cultural, el balneario de aguas medicinales y la fuente agria, que mana de las laderas de la Sierra de la Umbría de Alcudia. Esta fuente, con sus cuatro escalones semicirculares y su elegante armazón metálico, desaparecida ya la cubierta de tejas, recuerda a la del Paseo de San Gregorio de Puertollano, aunque mucho más modesta.

Las aguas de esa fuente son agrias porque contienen el acíbar de lo que el pueblo pudo haber sido y no fue. Tal vez por la desidia administrativa o porque así estaba escrito en su destino, el sueño de Las Tiñosas no se cumplió. Su sueño era crecer, multiplicar sus casas y sus calles, tener bares, ayuntamiento y escuela… Sin embargo, el chorrillo de su manantial suena con un murmullo triste donde parece repetirse, a modo de estribillo, la música de unas extrañas palabras: es por el nombre, a veces, por donde algunos pueblos empiezan a deshabitarse…

Y en los largos atardeceres del Valle de Alcudia, desde las calles de Las Tiñosas o desde las de Mestanza y Solana del Pino, algunas noches se escuchan los sonidos fantasmales del pico y la maza resonando en los túneles de las minas. Y también se oyen, entre el ruido melancólico de las esquilas, los aullidos de algún lobo en la Sierra Madrona, sierra madre del jabalí y del ciervo, del muflón y del corzo; alta patria del águila y del halcón peregrino, tierra de fronteras por donde los ríos decidieron virar hacia el sur para reflejarse en el espejo omeya del Guadalquivir.

LA ALARGADA SOMBRA
DE LAS ERMITAS

I

Aquella que Machado definió como «la España de charanga y pandereta, cerrado y sacristía, / devota de Frascuelo y de María...», se ha perpetuado entre nosotros, se ha enquistado no sólo en el espíritu, sino también en las piedras mismas del edificio social. La España «amante de sagradas tradiciones», «esa España inferior que ora y embiste / cuando se digna usar de la cabeza», ha dejado su huella perdurable no sólo en la arquitectura de nuestro país, sino también en sus tradiciones y costumbres. El fervor religioso o, más bien, el poder que contribuyó a imponer ese fervor, se ha reflejado a lo largo de nuestra historia en multitud de catedrales, iglesias, palacios episcopales, conventos, ermitas, además de un sinnúmero de festividades religiosas, procesiones, romerías, actos litúrgicos y otras celebraciones...

Pero como no era suficiente con que los hombres entraran en la casa de Dios, se decidió que Dios entrara en la casa de los hombres. Y entraba de cuando en cuando a través de aquellas capillitas itinerantes que antaño, en los pueblos, iban de casa en casa, y que para nosotros, los niños de entonces, resultaban un poco intimidantes, pues eran una manera de trasladar a nuestros zaguanes, durante unos días, los imponentes altares de las iglesias.

La necesidad de culto, o tal vez la necesidad de imponerlo, llevó a la proliferación de templos en todas las poblaciones, y las ermitas vinieron a satisfacer, al menos en su origen, esas supuestas necesidades espirituales de la feligresía. Hoy forman parte de nuestro patrimonio histórico, cultural y turístico, y conforman las señas de identidad de cada pueblo.

Se construyeron en todos los enclaves imaginables, casi siempre extramuros de las poblaciones, aunque muchas de ellas ya han quedado integradas en el entorno urbano. Las ermitas son un tejido arterial de cristos, vírgenes y santos, por donde fluye a chorros la devoción y la fe popular. Sin embargo, la doble condición del alma española, dividida entre lo religioso y lo profano, ha hecho que algunas festividades, aunque mantengan su original sentido religioso, parezcan un mero pretexto para organizar romerías y toda suerte de francachelas campestres o ferias estacionales.

Muchas ermitas, llevadas por el arrebato espiritual o por el vuelo de sus altares y espadañas, se edificaron en la cumbre de los cerros, nunca sabremos si para estar más cerca de Dios o para estar más lejos de los hombres. Quizás ese afán por las alturas esté relacionado con la necesidad de convertirse en vigías de las veleidades o los pecados humanos, pero en cualquier caso hemos de agradecer que, gracias a sus privilegiadas atalayas, podemos disfrutar de unas excelentes vistas panorámicas.

Son incontables, aunque es posible que alguien se haya tomado la molestia de realizar un censo de ermitas. En nuestra provincia, cada pedanía o cada aldehuela, por humilde que sea, tiene al menos una, además de su iglesia parroquial. Pero lo normal es que cada pueblo tenga tres o cuatro, aunque hay algunos que cuentan con más de media docena, de manera que constituyen una especie de cinturón o una salvaguarda espiritual que, tal vez en otros tiempos, pretendía ejercer algún efecto protector sobre las poblaciones. En cualquier caso, y a falta de un censo más preciso, se puede calcular más de medio millar.

Sus paredes o sus altares son como páginas a través de las cuales podría resumirse, al menos desde el siglo XIII hasta el XX, una buena parte de nuestra historia, incluso la de los diferentes movimientos artísticos y arquitectónicos, desde el románico y el gótico hasta mucho más allá del barroco. En ellas se refleja también la identidad de los pueblos. Muchas de esas ermitas están relacionadas con las faenas agrícolas, y la gran cantidad de templos dedicados a San Isidro, patrón de los labradores, es el mejor reflejo del carácter agrario de estas tierras. El culto a San Isidro sustituyó al de Ceres, diosa romana de la agricultura, a menudo representada con espigas. San Isidro era un santo milagrero y un tanto haragán, al que los bueyes le araron el campo mientras dormía. Y tal vez los campesinos manchegos soñaron también con ese milagro, pero tuvieron que conformarse con que el progreso les cambiara los bueyes o las mulas por tractores, que son mucho más rápidos.

Otras ermitas, como las dedicadas a San Roque, actuaron como una suerte de amuletos que conjuraban el mal. Esta tradición, procedente de la más oscura Edad Media, iba asociada a la cura de la peste u otras enfermedades y epidemias. Ejemplos de ello son la de San Sebastián, en Almodóvar del Campo, asociada a la cura de la peste y las calenturas, o la que en Santa Cruz de Mudela se construyó sobre el cerro de San Roque por haber librado al pueblo de la epidemia que azotó la zona en el siglo XIX. Un caso similar es la de San Roque en Moral de Calatrava, cuya población era cíclicamente diezmada por las tercianas. Los avances de la ciencia y de la medicina han oscurecido por completo a San Roque y hoy en día, como pudimos comprobar durante la última pandemia, la gente prefiere visitar los centros de salud antes que las ermitas, y opta por encomendarse, antes que a los poderes del santo, a los de la santa vacuna.

Ermitas hay que, según la tradición o la superstición popular, se erigieron por deseo o por exigencia divina. Ocurrió así en los casos de ciertas apariciones que siempre tuvieron como protagonistas a las vírgenes, pues parece que los santos nunca fueron muy dados a esa clase de exhibiciones públicas. Desde los *Milagros de Nuestra Señora,* de Gonzalo de Berceo, conocemos ese afán milagrero y exhibicionista de la Virgen María. Valgan sólo dos ejemplos: el santuario de Nuestra Señora de las Cruces, en Daimiel, se encuentra muy alejado del pueblo, a unos 12 kilómetros, justo en el lugar donde según la tradición cristiana se produjo la aparición. También en la ermita de Nuestra Señora de la Carrasca, en Villahermosa, se venera el recuerdo de la encina donde la *Morenilla* se apareció a un pastor y le exigió la construcción de un santuario.

Otros templos fueron objeto de disputas territoriales entre pueblos vecinos, tal fue el caso de Solana del Pino y Mestanza. La ermita de Nuestra Señora de la Antigua no encontró acomodo en su primer emplazamiento, ya que las obras aparecían destruidas a medida que iban construyéndose, como si se tratara de una tela de Penélope que se tejía y destejía al mismo tiempo. Tal vez el dueño de la finca por donde atravesaban las romerías tuvo algo que ver en ello, aunque pronto circuló la leyenda de que era la Virgen quien no quería su ermita en el lugar elegido, y se buscó uno nuevo, en lo alto de un cerro donde hoy puede visitarse.

Muy al contrario, otros pueblos antaño rivales, como Puebla del Príncipe y Villamanrique, en vez de entrar en litigios decidieron compartir a una misma virgen, la de Mairena. Cuenta la leyenda que, en los campos de Puebla del Príncipe, un pastor o un labrador villorreño encontró una imagen y, en vez de llevársela a su pueblo, Villamanrique, se la llevó a Puebla del Príncipe. Desde entonces, cada primer domingo de mayo, en agradecimiento por su gesto, la Virgen de Mairena es conducida en romería hasta Villamanrique, y allí, en la iglesia de San Andrés, permanece durante todo el mes de mayo hasta ser devuelta a su emplazamiento original.

Hay ermitas con cierto espíritu narcisista que las lleva a mirarse, muy coquetamente, en el agua de los ríos, aunque por aquí los espejos fluviales son escasos. A esa estirpe pertenecen la de Santa María de la Cabeza en Torrenueva, o la de la Virgen de Oreto y Zuqueca, casi lamidas por las aguas de un Jabalón que nunca ha sido un río muy devoto, pero que de tarde en tarde se desborda como queriendo dejar un rumor de olas blandas a los pies de la virgen. Cerca de Argamasilla de Alba, cuando el Guadiana es joven todavía, las ermitas de la Virgen de Peñarroya y la de San Antón se asoman desde el castillo al embalse de Peñarroya, donde el río, tras haber realizado malabarismos acuáticos por las Lagunas de Ruidera, empieza a serenar su cauce y su magia. Mediado su curso, en la modesta pedanía de Peralbillo, la ermita de San Marcos parece empinarse para rasgar con su espadaña las aguas del embalse de El Vicario. Y más allá de sus meandros, en Puebla de Don Rodrigo, la de San Isidro busca la caricia de un Guadiana que por allí ya empieza a tener hechuras de río grande.

No por el agua, sino por el vino, siente una morbosa atracción el santuario de Nuestra Señora de Loreto, patrona de un pueblo tan vinatero como el de Socuéllamos. Ubicada la ermita en el lugar que ocupó un antiguo cementerio, el pueblo decidió sustituir el macabro recuerdo de la muerte por el vitalismo báquico, y en los jardines que la rodean, llenos de referencias a la cultura y elaboración del vino, no sólo se realiza la ofrenda del primer mosto anual a la patrona, sino que también se celebra la fiesta del vino.

Hay ermitas con vocación de Ave Fénix, que sufrieron, como tantas iglesias españolas, los desastres de la guerra y fueron destruidas para ser posteriormente levantadas sobre sus cenizas, con esa tenacidad que sólo tienen los pueblos a los que se les ha concedido el don de la fe. Algunas fueron reconstruidas bajo advocaciones distintas, como la de San Antón, una de las siete ermitas de Herencia, que fue levantada tras la Guerra Civil sobre los restos de la de Santa Lucía. La del Cristo de la Vera Cruz, que alberga la imagen de Jesús del Perdón, patrón de Manzanares, fue pasto de las llamas durante la Guerra Civil, y piedra sobre piedra, retablo sobre retablo, volvió a reconstruirse.

Páginas quemadas del siniestro libro de la Historia, los templos no sólo han servido como combustible para el fuego, se han visto también sometidos a toda suerte de profanaciones. Se cuenta que en Santa Cruz de Mudela la ermita de San Roque fue usada como cárcel durante la Guerra Civil. Un día sacaron la imagen del santo a la calle y, antes de quemarla, le colgaron un fusil al hombro y lo pusieron de guardián de los presos que había encarcelados en la ermita. En Valdepeñas, la de la Virgen de la Cabeza fue usada como polvorín durante la Guerra de la Independencia, y durante la Guerra Civil como granero. Hoy, en un intento de reafirmación de sus señas de identidad manchega, la ermita valdepeñera conserva en su interior las franjas añiles que, en contraste con el blanco de la cal, son características de algunas fachadas de la plaza. Este contraste del añil y la cal se mantiene en otras ermitas como la de Santa Lucía en Fuente el Fresno o la de San José en Puerto Lápice.

La cruz y la espada siempre fueron muy buenos aliados; unidas ganaron muchas batallas, incluso conquistaron algunos imperios. El poder militar y el religioso se han fundido a veces en una sola imagen guerrera, de la que los monjes templarios ofrecen un buen ejemplo histórico. Más recientemente, algunos recordamos que las aulas de nuestra infancia y adolescencia, durante el franquismo, estaban presididas por un crucifijo y la foto de un general con un abrigo de armiño. En consecuencia, no puede sorprender que a menudo las ermitas hayan buscado el arrimo de los castillos o se hayan edificado sobre sus ruinas.

Este último es el caso de la ermita de la Virgen del Espino en Membrilla, situada dentro del antiguo castillo de El Tocón, o la de Retuerta del Bullaque, construida sobre los restos de una antigua fortaleza árabe que se eleva sobre un acantilado bordeado por el río Milagros. Otro privilegiado mirador es la ermita de la Virgen del Castillo, en Chillón, erigida sobre una fortaleza árabe, lugar fronterizo desde cuyas alturas se pueden divisar tres comunidades autónomas: al este Castilla-La Mancha, al sur Andalucía y al oeste Extremadura.

Otras ermitas no crecieron intramuros, pero procuraron la cercanía de las murallas, quizás en busca de protección o de alianza. Muy emblemático es el caso del santuario de la Virgen de Alarcos, construido junto al castillo a partir del siglo XIII; un templo que, paradójicamente, desde su rosetón de tracería ha ido contemplando con el paso de los siglos el progresivo deterioro de la fortaleza.

II

Las ermitas no saben (ni quieren saber) de ostentación ni de pompa, ni de esos delirios de grandeza tan propios de la arquitectura religiosa. Ellas sólo saben de la humildad, no en vano crecieron en los arrabales de los pueblos, o incluso a cierta distancia de ellos, en mitad del campo y en las cimas de los cerros. Son como una retaguardia obrera de la arquitectura que, desde su modestia, no miran con envidia (aunque sí con recelo) la insultante grandiosidad de las columnas, de los retablos o las cúpulas de las catedrales.

Hay, sin embargo, algunas ermitas a las que podría concedérseles el rango de monumentales, tal es el caso de la original ermita del Cristo de la Misericordia, en Miguelturra, con su gigantesca cúpula circular rematada en un airoso cimborrio; o como la del Santísimo Cristo de la Humildad, o la de la Soledad, de estilo neomudéjar y neoclásico, ambas en Moral de Calatrava. O bien, en un estilo muy diferente, la de la Virgen de la Sierra, a doce kilómetros de Villarrubia de los Ojos, enclavada en plena Sierra Calderina, desde donde pueden contemplarse unos parajes excepcionales que incluyen las vistas de las Tablas de Daimiel.

No obstante, la modestia no es incompatible con algún que otro lujo, y algunas de ellas encierran en su interior valiosas sorpresas, como el magnífico retablo barroco de la ermita del Santísimo Cristo del Consuelo, en Torralba de Calatrava, un retablo de elaboración muy reciente que encuentra en la fachada una adecuada réplica con su exultante espadaña barroca. Y la humildad tampoco es incompatible con la originalidad y la rareza, valga el ejemplo de la Cueva de la Virgen, en Albaladejo, una caverna excavada en la piedra arenisca, prodigio artesanal tallado en roca viva, en cuya hornacina central se exponen imágenes de vírgenes diminutas, entre ellas la de Fátima.

Pero hechas las debidas excepciones, las ermitas tienden a ser, por naturaleza, austeras y humildes, a menudo diseñadas con cierto toque de rusticidad, y suelen huir del ornato, incluso en algunos casos carecen de retablos y espadañas. Caso singular de sobriedad y modestia, la de San Isidro en Navalpino, que tiene además un porche metálico y unas puertas y ventanas pintadas de verde. Otras parecen mimetizarse con la austeridad y reciedumbre de su entorno, como la de San Juan en Almadén, que al atardecer ve reflejados en sus piedras el brillo mate de las minas y el color rojizo del cinabrio.

Algunas tienen una antigüedad de siglos, aunque las sucesivas reformas que han sufrido a lo largo del tiempo nos impiden reconocer su fisonomía original. Entre las que presumen de mucha antigüedad, se encuentra la Virgen de la Sierra en Moral, cuya primera piedra, según la tradición, la colocó en el año 674 el rey visigodo Wamba. Piedra sobre piedra fue construyéndose la historia, y muchos templos se edificaron sobre altares enemigos, entre ellos el de la Encarnación, de Carrión, que fue una antigua mezquita árabe. Asimismo la de la Virgen de las Nieves, en Almagro, se levantó sobre otra anterior del siglo XII. Por el contrario, las hay de cal nueva y sin historia, ermitas jóvenes propias de pueblos jóvenes y fuertes, como la de la Virgen de las Viñas de Tomelloso, construida en los años cuarenta del siglo XX.

A su lugar de emplazamiento deben, en otros casos, su singularidad. Nadie hasta la fecha, que se sepa, ha relacionado la afición taurina con la fe religiosa, ni tampoco la tauromaquia parece guardar relación con las cosas de la iglesia. Ni siquiera consta en el santoral que ningún santo sufriera martirio entre los cuernos de un toro, por eso sorprende que algunas ermitas hayan arrimado sus muros al albero, de tal modo que dos pasiones populares, la religiosa y la taurina, o por decirlo de otra manera, el manto de las vírgenes y el capote de los toreros, conviven en rara vecindad.

De esa cercanía de lo religioso y lo profano da fe el santuario bolañego de Nuestra Señora de las Nieves, que fue mandado construir por don Álvaro de Bazán en agradecimiento por la victoria de Lepanto; un complejo formado por varios edificios entre los que se encuentra la plaza de toros y, adosado a ella, la ermita. Buen testimonio de ello ofrecen también el santuario de Nuestra Señora de la Antigua en Villanueva de los Infantes, junto al Jabalón; Nuestra Señora de la Carrasca, en Villahermosa, y la de San Andrés, en Viso del Marqués; pero el más antiguo y original ejemplo es el de la ermita de las Virtudes, en Santa Cruz de Mudela, con su plaza de toros cuadrada.

La rareza, en otras ocasiones, proviene de los nombres, tan peregrinos como sugerentes, de las imágenes que exhiben en sus altares. La de Nuestra Señora del Buen Parto, en Pedro Muñoz, es tan peculiar por su nombre como por el gran porche de su entrada, formado por cerchas de madera y cerrado por seis arcos laterales de medio punto y otros tres frontales con forma de ojiva. No es menos llamativo el nombre que designa a la Virgen de la Carrasca, en Villahermosa, y qué decir del extraño nombre latino de la Virgen de Finibusterre, en Cabezarados, así denominada por encontrarse en el último lugar cristiano conocido que, durante la Reconquista, los monjes de la Orden de Calatrava consiguieron recuperar para sus dominios.

Si hay ermitas con querencia taurina, también las hay con una cierta vocación ferroviaria, que han buscado siempre el apego a las estaciones de tren, al trajín de sus andenes o al ruido de sus raíles. Así, la de la Virgen de Gracia en Puertollano, que durante años vio salir y llegar trenes desde la estación del antiguo *trenillo*, y que aún hoy ve pasar junto a ella los vagones del AVE. También la ermita calzadeña de El Salvador del Mundo estuvo durante mucho tiempo oyendo los pitidos del *trenillo* y los trajines de su vieja estación. Tal vez por ello, tras ser desmantelada la línea férrea, las grandes piedras del Puente de Hierro se aprovecharon para realizar el cerramiento del templo.

Las más genuinas de todas las ermitas son las que eligieron asentar sus cimientos sobre las cumbres, para desde allí, como mudos centinelas, ser vigías de las virtudes y las miserias de los hombres. Desde la cal trepadora de sus fachadas otean los horizontes y nos permiten solazarnos con sus insólitas estampas paisajísticas.

Algunos de esos templos han ido apareciendo ya a lo largo de estas páginas, pero cabe añadir ahora el de la

Virgen de los Desamparados, en Villanueva de la Fuente. En Pozuelo de Calatrava, la ermita de la Virgen de los Santos ofrece además un interior con sus paredes plagadas de fotografías y toda suerte de exvotos, que le dan al templo un aspecto sobrecogedor. La de San Isidro, sobre el volcán Cabezo del Rey, se asoma a una panorámica de cerros volcánicos desde el mirador de los maares. De parecidas características, asentada muy cerca del volcán Cerro de los Santos, es la del 3 de mayo en Porzuna. Y en Agudo es digna de mención también el mirador de la ermita de San Blas, enclavada sobre un cerro con excepcionales vistas que permiten divisar varios pueblos extremeños.

La del Cristo del Espíritu Santo, en Malagón, asomada a un extenso maar en el que destacan sus tres lagunas volcánicas, goza además de un histórico enclave donde se descubrió hace pocas décadas una necrópolis visigoda. Y más al norte, hacia Cabañeros, en Navas de Estena, la ermita de Nuestra Señora de la Antigua, un latigazo de cal en las alturas, permite acceder a la contemplación de unas hermosas panorámicas del Boquerón del Estena.

Piedras sobre piedras, huesos sobre huesos, fue construyéndose la Historia. Y muchas de estas ermitas, siglos después, continúan ahí, en las cimas de los montes o en las afueras de los pueblos, como intentando convencernos, desde su recia humildad, desde la fortaleza de su fe, de que es posible sobrevivir en la dura batalla contra el tiempo.

DESDE LA ATALAYA

A mitad de camino entre la ciudad y el río, se alza un remanso verde con cierta vocación de oasis: lugar de esparcimiento y recreo, el parque forestal de La Atalaya está transitado, sobre todo, por senderistas y cicloturistas, aunque su ubicación estratégica lo convierte en un excelente mirador. Arriba, entre pinos y encinas, unos cuantos cipreses desorientados y algún eucalipto intentan competir sin suerte con una decena de antenas y mástiles de telecomunicaciones, que erizados sobre la cumbre parecen proclamar el triunfo de la tecnología sobre la naturaleza, el dominio de lo metálico sobre lo vegetal, el predominio de los colores blanco y rojo sobre los verdes.

Desde su alargada cima, la panorámica abarca una inmensa extensión del territorio provincial, incluidas varias poblaciones que aparecen diseminadas a lo largo de todos los puntos cardinales. En la ladera sur, el mejor mirador se encuentra entre dos depósitos de agua, el del Pozo de don Gil y el de la Reina María Cristina, recia construcción con cierta apariencia de fuerte defensivo y más de un siglo de historia. Desde allí, junto a unos riscos cuarcíticos, la vista se remansa hacia el sur en una llanura que se extiende hasta los confines del Campo de Calatrava. En primer término, al sureste, más allá del tapiz verdeante de los cereales, se aprecia la alargada línea de casas de Miguelturra, de la que sólo descuella la enorme cúpula cilíndrica de la ermita del Cristo de la Misericordia. Al fondo, la azulada línea montañosa de la Sierra de Calatrava, de donde sobresalen las cumbres de la Mojina y La Atalaya calzadeña.

Del mismo pie de La Atalaya parten numerosos chalets y fincas que avanzan casi hasta el campus universitario. A tan sólo media legua, la capital se extiende hacia el sur en una masa informe y monótona de edificios, entre los que resaltan con gallardía tres de sus torres. La del Seminario Diocesano, más puntiaguda, elegante y melancólica, se eleva sobre la larga línea de cipreses del cementerio; tras ella, se divisa un paraje de cerros volcánicos entre los que destaca el perfecto cono del volcán Cabezo del Rey, con la ermita de San Isidro sobre su cima. Sobresalen también, airosamente, dos de los cuatro cuerpos de la recia torre de la catedral, coronados por su vistosa cúpula de escamas de colores. Y un poco más allá, se ve también el negro chapitel de pizarra de la iglesia de San Pedro. Entre unas y otras torres, destacan otros edificios que rompen la armonía arquitectónica del conjunto, entre ellos, en un extremo, la rojiza fachada del antiguo hospital, ahora en fase de remodelación, y en el otro la reliquia del silo.

Desde las rocas de esta misma ladera, siglos atrás debió de ser un hermoso espectáculo contemplar la ciudad que Alfonso X quiso convertir en capital de su reino, con su óvalo amurallado, sus ocho puertas, su alcázar y sus 130 torreones. Sin embargo, hoy la antigua muralla de piedra ha sido sustituida por una muralla de asfalto y vehículos que abren y cierran la ciudad a golpes de semáforo.

Más allá de la ronda, la capital sigue expandiéndose horizontalmente y sus límites están marcados por un difuso perímetro de edificios nuevos y modernas urbanizaciones. Sólo la vía férrea, paralela al campus universitario, actúa como una frontera infranqueable. Abajo, entre los pinares, se ven cruzar fugazmente los trenes con un rugido atronador. Idas y venidas del AVE que La Atalaya ve pasar, impasible, desde sus 715 metros de altitud.

Avanzando hacia el noroeste, al pie del depósito de la Reina María Cristina, se divisa el pueblo de Picón bajo la línea dentada de la sierra de Casalobos, y más acá el paisaje se ve rasgado por dos trazos rectilíneos, el del ferrocarril y el de la carretera de Toledo. Dos tajos negros que avanzan casi paralelos, horizontales y ruidosos por la llanura: el primero hacia las cercanías de Malagón; el segundo hacia Peralbillo, pedanía de la que apenas dan señal algunas casas semiocultas entre los árboles. Dos líneas rectas, oscuras, de asfalto y de balastos, que rompen la armonía del paisaje, en contraste con el verdor naciente de las hazas, con las formas curvilíneas del horizonte o con la alargada y lejana mancha azul del embalse de El Vicario. Dos tajos grises que, entre los verdes invernales y a través de sendos puentes, sajan el azul represado del Guadiana.

Las vistas panorámicas más sugerentes, mirando hacia el norte, son las que se obtienen más arriba, desde el altarcillo encalado donde Nuestra Señora de La Atalaya, con su niño en brazos, parece tener una misión protectora. A ambos lados de la virgen hay unas cuantas ofrendas florales, la mayoría de tela y de plástico. Sobre el coqueto tejadillo del altar, los intensos azules del embalse, a ambos lados de Peralbillo, brillan como un espejismo o como el levísimo cristal de un milagro. En primer plano, un paisaje grisáceo y desértico, a lo largo del cual se aprecia un esqueleto de rotondas y caminos de cemento crudo que nunca se asfaltaron, restos de un proyecto urbanístico, próximo al campo de golf, que no llegó a materializarse. Esa abortada carretera, como una cicatriz abierta en el paisaje, tiene algo de espectral y avanza hacia la antigua reliquia, también inútil, del Puente de Hierro sobre el Guadiana.

Sin embargo, poco más allá del oxidado puente, sólo se divisa hacia levante el lecho seco del río, lleno de carrizos y maleza, avanzando hacia las ruinas del castillo de Calatrava la Vieja. El azar ha querido que desde esta ladera norte de La Atalaya se acceda a una visión bastante desolada del paisaje: aldeas despobladas, puentes inservibles, cauces secos, carreteras a medio construir, ruinosas murallas del pasado…, fantasmas, en definitiva, de un tiempo que expiró.

A propósito de fantasmas, La Atalaya tiene fama de ser un lugar donde a veces ocurren sucesos misteriosos, se ven luces extrañas, apariciones y otros fenómenos de difícil explicación racional. Tal vez la causa de ello, según cuentan algunos, es la impregnación –o la maldición– que dejó un gigantesco edificio que acabó siendo abandonado. Allí se proyectó construir, después de la guerra, un sanatorio para

tuberculosos; pero las obras, iniciadas en 1954, se demo-
raron tanto que los avances de la medicina lo volvieron
innecesario, de manera que el proyectado sanatorio se acabó
convirtiendo en hospital psiquiátrico, hasta su abandono en
1996. Fue demolido diez años después.

Sin embargo, al margen de leyendas, teorías esotéricas
y fantasías populares, lo que por allí se ve, a plena luz
del día, es un extenso parque forestal donde conviven
encinas, retamas, eucaliptos, pinos y cipreses, auténtico
pulmón vegetal de la ciudad y único antídoto contra las
calenturas estivales; un lugar de esparcimiento y recreo,
muy apropiado para el senderismo, por cuyos caminos y
vías asfaltadas sólo se ven ciclistas y paseantes al caer la
tarde. Pero, por encima de todo, se trata de un alto mirador
desde donde se puede contemplar, hacia cualquiera de sus
puntos cardinales, la variada orografía del entorno. El río,
los paisajes volcánicos, la sierra y la llanura, se congregan
en una visión múltiple y caleidoscópica, en una amplia
panorámica que abarca todo el centro de la provincia y
se prolonga, de norte a sur, desde la Sierra de la Virgen
hasta La Atalaya calzadeña.

En la vertiente más oriental de La Atalaya se levantan,
a varios metros de altura sobre sendas tinajas encaladas, dos
miradores que proporcionan unas vistas aún más completas
del entorno. Desde allí los ojos pueden casi abarcar, de norte
a sur, los confines de la provincia, desde las proximidades
de Puerto Lápice hasta las primeras estribaciones de Sierra
Morena. También se divisan, con cierta precisión, bajo la
Sierra de la Virgen, los pueblos de Villarrubia, Las Labores
y Arenas de San Juan.

Desde ambos miradores se aprecia más nítida la curva
del río, que sueña con recuperar su cauce desde los puentes
de Peralbillo hasta las murallas de Calatrava la Vieja. Esta
fortaleza, junto con La Atalaya y el castillo de Alarcos,
constituyó en otros tiempos una poderosa línea defensiva, un
puesto privilegiado de vigilancia y control de las fronteras
entre musulmanes y cristianos. Las aguas espejeantes del
Guadiana actuaron en otros tiempos como foso natural de

Calatrava la Vieja, convirtiendo la fortaleza en una inexpugnable isla almenada: estampa casi onírica que, con sus cuarenta torres reflejadas en el río y el monumental arabesco de su arco triunfal, parecería un barco de piedra varado en la llanura. Sin embargo, hoy el cauce del Guadiana, desde el Puente de Hierro hasta las murallas, sólo es un reseco esqueleto de maleza y carrizos.

Más hacia levante, escalonados, se divisan los pueblos de Carrión y Torralba, donde destacan las torres de sus iglesias, la de Santiago Apóstol y la Santísima Trinidad, rematadas por sendas cúpulas negras, que se dirían gemelas desde la distancia. Al fondo, difuminadas por la lejanía, se reconocen las pinceladas blanquecinas de las casas de Daimiel.

En definitiva, La Atalaya se asoma a unos horizontes diversos y singulares, pero las vistas más evocadoras se encuentran hacia poniente, donde los atardeceres, lentos y dilatados, alcanzan una belleza incomparable. Allí, sobre la azulada línea montañosa, la luz se va desmadejando entre las nubes y va descomponiéndose en un arcoíris de brillos, colores y tonalidades cambiantes (desde el amarillo al púrpura, desde el naranja al violeta) que, a medida que se apagan, dejan una emoción serena y melancólica en el alma.

VIAJE CON ROSA REGÀS
POR TIERRAS DE LA MANCHA

I

Entre un trajín de viajeros y maletas la vi avanzar con decisión junto a los dos grandes cabezones de Antonio López en la estación de Atocha. Y en cuanto entró en mi coche, con curiosidad, me preguntó:

—¿Cuál es el plan de ruta?

—No hay ningún plan —le respondí.

—Pues entonces, a la ventura.

Algo de aventurero tenía, en efecto, aquel improvisado viaje con Rosa Regàs por tierras de La Mancha, en el que no había ningún guion prefijado. La primera parada, cercana ya la hora de la comida, tenía que ser necesariamente en la venta de don Quijote, en Puerto Lápice.

II

Había conocido a Rosa Regàs, aunque aún no personalmente, muchos años atrás, a finales de los noventa. Ella había participado como jurado de un premio de poesía, el «Ciudad de Tudela», en el que resulté ganador. A partir de entonces, aunque muy esporádicamente, mantuve algunos contactos epistolares con ella. También, a partir de entonces, me convertí en un asiduo lector de sus obras, tanto ensayísticas como narrativas.

A partir de 2009, tras la publicación de mi libro *Más allá de la llanura,* nuestra relación se estrechó un poco más. Yo ya conocía su devoción por la literatura viajera, de la que dejó testimonios tan notables como *Ginebra* o *Viaje a la luz del Cham.* Lo que no imaginaba era que ella iba a convertirse en una de las lectoras más entusiastas de mi viaje por la llanura manchega. Tan entusiasta, que lo reseñó en un programa sobre libros de Radio Nacional, precisamente el mismo día que yo iba camino de Valdepeñas hacia las bodegas A-7, donde los hermanos Creis me habían dedicado el «Vaso X de Vinos de la Tierra» con la edición de una plaquette que titulé *Dodecaedro*. Más tarde, le dedicó también al libro una reseña en el diario *El Correo de Vizcaya*[*], donde me dedicaba algunos elogiosos párrafos, de los que extraigo algún ejemplo:

> «Me ha producido una gran emoción comprobar cuánta belleza florece al hablarnos de caminos y parajes sin recurrir al tópico del libro de viajes/guía (…) Me he visto obligada a entretenerme en miradas, en frases, en palabras, reflexiones y metáforas tan sutiles y bellas que he querido volver la página hacia atrás para repetir y disfrutar todavía más de lo que en primera instancia me había seducido (…) Un viaje que nos devolverá la capacidad de mirar al corazón de la tierra y del horizonte, si la hubiéramos perdido con tanto viaje enlatado».

En agradecimiento por su generosidad, cuatro años más tarde cité, en la 2ª edición de *Más allá de la llanura,* unas palabras suyas que me resultaron muy ciertas y reveladoras:

> «Viajar no solo es descubrir lo que contiene el mundo, sino también descubrir aspectos de uno mismo que permanecen escondidos tras la rutina y la costumbre. Cada viaje tiene su luz especial cuyo alcance a nosotros nos corresponde esclarecer. A fin de cuentas descubrir esa luz no será otra cosa que aprender a conocer y a conocerse mejor».

Con semejantes pensamientos, y tras la lectura de mi libro, un alma de vocación tan viajera como la de Rosa Regàs no podía sino sentir cierta curiosidad por conocer La Mancha un poco mejor. Le dije que si alguna vez se

---

[*] Publicada el 29 de mayo de 2011, con el título de «Nuestra tierra».

decidía a venir a nuestra tierra, ejercería encantado como anfitrión suyo. Sin embargo, no fueron propicias las circunstancias hasta unos años después.

III

Mientras tanto, seguíamos intercambiando correos de cuando en cuando, intercambiando libros. Cuando dimitió de su cargo de directora de la Biblioteca Nacional, recuerdo que le escribí una carta, de contenido muy estoico, en la que, quizás como consuelo, o como desprecio de la actividad política en general, le citaba unos versos de la «Epístola Moral a Fabio»:

«Fabio, Las esperanzas cortesanas
prisiones son do el ambicioso muere
y donde al más activo salen canas.
El que no las limare o las rompiere,
ni el nombre de varón ha merecido
ni subir al honor que pretendiere».

Nunca llegué a saber su opinión sobre aquellos horacianos versos del capitán Fernández de Andrada, y no fue hasta enero del año 2018 cuando tuvimos la oportunidad de conocernos personalmente, coincidiendo con la presentación del premio «Café Gijón» de novela, que tuve la suerte de obtener en septiembre del año anterior con *La mujer de la escalera*. A partir de entonces, el proyecto de recorrer La Mancha juntos fue poco a poco concretándose y, por fin, pudo hacerse realidad en mayo de ese mismo año.

IV

Después de recordar algunas escenas quijotescas en la famosa Venta de Puerto Lápice, en especial aquella en la que el buen hidalgo fue armado caballero, salimos para Tomelloso. En Villarta de San Juan nos asomamos a ver el Cigüela, al que diez años antes yo había descrito con los cuarenta ojos de su puente romano milagrosamente cubiertos de agua; pero aquella estampa, propiciada por las abundantes lluvias de 2009, era ya un mero recuerdo. Una década después, el cauce del Cigüela era un regato casi agonizante. Allí pude comprobar también que, pese a su edad, ella conservaba una sorprendente agilidad avanzando entre los carrizos y las peñas. Por su complexión y su carácter me recordó a Sabina de la Cruz, la viuda de Blas de Otero, ese tipo de mujeres, frágiles en apariencia, pero recias y duras, curtidas en mil batallas.

Esa misma tarde, ya en Tomelloso, supe que el mejor momento para beber un *gin-tonic* era al atardecer. Acompañados de Mari Moreno, gran admiradora de Rosa Regàs y coordinadora del club de lectura de AFFAMER, charlamos amigablemente en una terraza frente a la Posada de los Portales, mientras saboreábamos un *gin-tonic* que, según Rosa, siempre tenía un sabor distinto al caer la tarde. La afición a la ginebra, según nos contó (y lo había dejado escrito también en el tercer tomo de sus memorias) le venía de las *sobrasada parties* –reuniones literarias con más alcohol que sobrasada– que solía organizar Miguel Barceló en su casa, a las que también asistían poetas como Gil de Biedma, Gabriel Ferrater, Carlos Barral o José Agustín Goytisolo.

En algún momento de aquella conversación me acordé de Carlos Sahagún, que tenía muy afilada la lengua, y que una mañana, en el Rastro, me había dicho algunas cosas sobre ella. Había quedado con él para dar un paseo por entre esos tenderetes de libros a los que era tan adicto, y hablando de unos y otros en la plaza de Tirso de Molina, me dijo que Rosa Regàs no dejaba de ser una señora de la burguesía catalana que, ya desde su juventud, se agarraba a los cubatas mientras otros, como él mismo, habían tenido que agarrarse al duro banco de las oposiciones.

Y recordando aquellas recelosas palabras del poeta alicantino, mientras mis dos compañeras de mesa charlaban, a veces yo pensaba para mis adentros: ¿qué hago yo aquí con esta mujer tan poco manchega, aquí, en este pueblo tan proletario, «hecho a fuerza de azadón y madrugones» –como escribió García Pavón–, en este pueblo tan poco burgués y tan obrero, de entre cuya menestralía salieron pintores como Antonio López o poetas como Eladio Cabañero y Félix Grande? Sin embargo, por algunos retazos biográficos que la escritora había esbozado ya, supe que ella tampoco lo había tenido fácil en su juventud, sobre todo tras su entrada tardía en la universidad, ya casada y con dos hijos.

V

Teníamos previsto dormir esa noche en el vecino pueblo de Argamasilla, en una casa rural de nombre tan genuinamente quijotesco como «La del alba sería», y aquella misma tarde se nos unió Rocío, que era lectora impenitente de sus novelas y no quería perderse la ocasión de conocer personalmente a la autora. Enseguida trabaron buena amistad porque las dos tenían el don de la espontaneidad, el don de abrirse, desde el principio y sin reservas, al corazón de los otros.

Sería la del alba cuando Rocío se despidió de nosotros porque tenía que volverse otra vez a Calzada, a casi 100 kilómetros de allí. Como profesora de Lengua y Literatura en el instituto calzadeño, no podía faltar a su cita con las aulas; pero no fue aquella la única tarde que quiso acompañarnos durante unos u otros viajes.

Esa mañana, tras visitar la cueva de Medrano, salimos hacia el castillo de Peñarroya con rumbo a las Lagunas de Ruidera, que no estaban tan colmadas como yo las recordaba. Subimos Guadiana arriba deteniéndonos en un par de lagunas y alargamos la ruta hasta la cueva de Montesinos, aunque apenas llegamos a adentrarnos en ella, dada la fama que tenía de estar siempre habitada por murciélagos.

Regresamos a Ruidera y comimos unos sabrosos galianos con perdiz en el mesón Juan, frente a la Laguna del Rey. Después la llevé a que conociera algunas de las más hermosas plazas de la provincia, la de La Solana, la de Villanueva de los Infantes y la de San Carlos del Valle.

Ya al atardecer, entre los añiles y la cal de la plaza de Valdepeñas, saboreamos en el Penalty el *gin-tonic* de rigor, y allí, en la patria chica de tantos pintores y poetas, volvimos a hablar de literatura. En mitad de la conversación, quizás para compensar el inevitable protagonismo de los autores manchegos, me dijo que me regalaría uno de los mejores poemarios de Joan Margarit, *Cants d'Hekatònim de Tifundis,* publicado en la editorial La Gaia Ciencia, que ella misma había dirigido en otros tiempos.

Reconocí que Margarit apenas me había interesado hasta que, en 2008, obtuvo el Premio Nacional de Poesía por su *Casa de Misericòrdia.* Un ejemplo el de Margarit, le dije, que ilustraba la brecha existente entre los poetas catalanes y los demás. Otro nombre para añadir a la nómina cada vez más amplia de la generación del 50, en permanente estado de revisión. Ella, como para confirmar que era cierto lo de las brechas territoriales en España, también reconoció que no tenía mucha idea de poetas manchegos, y concluimos que vivíamos en un país donde cada cual arrimaba el ascua a su sardina autonómica.

Comprendí que mi generación del 50 era la de Claudio Rodríguez, la de Carlos Sahagún, la de Eladio Cabañero, la de Caballero Bonald, la de Ángel Crespo o José Corredor-Matheos. Ella, en cambio, venía de otros autores y otras generaciones, venía de Pere Gimferrer, de Gil de Biedma, de Carlos Barral, de Juan Benet, a quien por cierto dedicó unas palabras especialmente elogiosas. Le confesé mi devoción por Gimferrer, a quien había leído en castellano y en catalán, pero no pude compartir su admiración por Benet. De hecho, *Volverás a Región* se me indigestó, le dije, tal vez porque lo leí durante unas semanas que coincidieron con mi separación matrimonial; sin embargo, también leí por esas mismas fechas *La saga/fuga de J.B.* y me pareció una novela deslumbrante.

El final de aquel recorrido por las plazas más fotogénicas de la provincia no podía concluir sino en Almagro. Allí, rodeados de sus verdes ventanales y su elegante columnata toscana, en una terraza junto al Corral de Comedias recordamos a Lope y a otros famosos dramaturgos, entre ellos a Valle-Inclán, por el que siempre sentí una gran debilidad y del que recordé algunas frases que expresaban no poco desengaño, como aquella del genial Max Estrella proclamando: «La literatura es colorín, pingajo y hambre».

Como si hubiese estado esperando aquella frase para sincerarse, Rosa confesó que en la literatura y en la vida ella también había sufrido algunos desengaños. El hecho de haber publicado sus obras en castellano, en vez de en catalán, también le había granjeado sinsabores. Otro mal trago había sido su renuncia al cargo de directora de la Biblioteca Nacional, como consecuencia de sus desavenencias con el entonces ministro de Cultura, en recuerdo del cual decidió, vengativamente, llamar César al burro que tenía en su finca de Llofriu. Y entre risas, bromas y veras, nos entretuvimos un rato buscando nuevos ejemplos que confirmaran que la literatura y la política tienen mucho de colorín, de farsa y desvarío.

VI

A partir de ese día dormimos en Ciudad Real, muy cerca de la Puerta de Toledo. Cuando le recordé que dicho monumento era casi el único resto de la antigua muralla medieval, y que, junto con la torre de la Catedral, resultó gravemente dañada en 1755 por el terremoto de Lisboa, ella aventuró que quizás se trataba de alguna rara maldición. Le respondí que, fuese maldición o no, la desmemoriada capital mantenía una relación conflictiva con las huellas de su pasado, y le prometí que, en compensación, al día siguiente visitaríamos algunos monumentos en los que se conservaba no sólo la piedra, sino también la identidad histórica de estas tierras.

Un abundante desayuno de chocolate con churros en la cafetería Los Llanos nos proporcionó las calorías suficientes para afrontar la nueva jornada, cuyo itinerario le desvelé allí mismo, a pie de barra. Era el momento oportuno para ahondar en nuestras raíces históricas, y también el momento de mostrarle uno de los más singulares patrimonios geológicos de la provincia: el del Campo de Calatrava, donde el paisaje dejaba de ser llanura y el horizonte se transformaba en una ondulada orografía de cerros y conos volcánicos.

Con ese escenario como telón de fondo, primero visitamos el castillo de Calatrava la Vieja, y tras él nos dirigimos a la imponente fortaleza de Calatrava la Nueva, donde yo mismo me encargué de subrayar que ahí enfrente, al otro lado de la carretera, las ruinas de Salvatierra eran bastante más antiguas y habían sido mucho más decisivas en las luchas fronterizas. Finalmente, subimos a Alarcos, donde un guía muy atento y dicharachero de Aldea del Rey, llamado Ceferino, nos proporcionó una explicación amplísima de la fortaleza y de la ermita, una información que a mí me resultó abrumadora y a ella casi excesiva.

A primeras horas de la tarde, recalamos en las Tablas de Daimiel, que ella recordaba haber visto en otros tiempos, aunque con bastante más agua. Fue un recorrido inolvidable por aquellas pasarelas de madera que unas veces se elevaban sobre superficies encharcadas y otras sobre un reseco lecho de junqueras y carrizos. Hablamos, inevitablemente, de la sequía, de la sobreexplotación del acuífero..., y en algún momento nuestra conversación se interrumpió porque nos cruzamos con un grupo de estudiantes que iban por allí gritando y empujándose como si estuviesen en el patio de un colegio, y a ella le entró un ataque de indignación y de rabia y se puso a criticar la poca educación de los alumnos en este país y la escasa autoridad de los profesores. Pero salvo excepciones como aquella, las conversaciones con Rosa eran siempre serenas, variadas, amenas y fluidas, y a menudo le rebosaban chispazos de un sentido del humor muy saludable.

Recuerdo, como ejemplo, que en algún momento, mientras avanzábamos por la carretera, tras unos instantes de silencio y mientras un coche nos adelantaba, de pronto exclamó: «Cardo». La miré desconcertado y, entre risas, me explicó que era un juego al que ella recurría a menudo cuando viajaba con alguno de sus nietos para hacerles el viaje más entretenido. Consistía en rellenar con vocales las tres letras finales de las matrículas de los coches que nos adelantaban, que en el caso antedicho eran CRD. Recordaba haber jugado alguna vez a ese juego, y le dije que lo que me parecía más interesante de él eran las razones por las que cada cual elegía una palabra de entre todas las posibles. En el caso de CRD, encajaban también *cerdo* y *curda*. Ella me replicó que *cardo* era la más apropiada en La Mancha, y así estuvimos un rato entretenidos estrujando nuestras reservas léxicas, hasta que nos topamos con las letras DRF, y entonces nos pusimos a hablar de la familia, que era un tema que a ella le interesaba mucho.

Al atardecer, hicimos un breve recorrido por los paisajes oretanos, en especial los más próximos a la presa del río Jabalón. Mientras miraba los cerros volcánicos del Columba, el Cerro Gordo o el Cuevas Negras, o después de ver la ermita y la necrópolis visigoda, después de contemplar la panorámica desde el poblado ibérico y desde la cueva de la Encantada, a ella no dejaba de sorprenderle que aquellos paisajes tan peculiares y con tanta historia fuesen tan desconocidos en el resto de España. Y sólo se me ocurrió responderle que quizá el excesivo protagonismo de los molinos manchegos había oscurecido el brillo de otros paisajes de la provincia.

VII

El último día lo dedicamos a recorrer lugares y paisajes del oeste, que eran totalmente desconocidos para ella. Le sorprendió mucho, frente a la escualidez del Guadiana, la salud hídrica del río Bullaque, que además se remansaba, con cierto pavoneo, en tablas con nenúfares por Las Casas del Río, o se ensanchaba esplendorosamente al pasar por El Robledo. Recorrimos algunos de los pueblos del entorno de Cabañeros, y paramos a comer en Horcajo de los Montes, donde los dueños del restaurante El Molino de Cabañeros la reconocieron, se confesaron lectores suyos y trabamos durante un rato, ya en los postres, una entretenida tertulia con ellos. La travesía en coche por Cabañeros la hicimos poco después de la comida, que había sido abundante, y Rosa me pidió disculpas porque necesitaba dormir un rato, apenas una siestecita de cinco o diez minutos, una costumbre muy sana, me dijo, y que a ella solía sentarle muy bien.

La travesía nos condujo hasta Puebla de Don Rodrigo y desde ahí bajamos hacia los idílicos parajes de Luciana, donde la junta de los dos ríos era más raquítica de como yo la recordaba. Pero a ella la recuerdo, ágil y atrevida, cruzando con ligereza las pasarelas de piedra sobre el Bullaque. Ágil de cuerpo y de mente, aquella pequeña gran mujer, ya octogenaria, se paseaba sobre las grandes piedras con ilusión infantil y agilidad adolescente. Aquel itinerario, que resultó completamente desconocido para ella, la llevó a reconocer de nuevo que la imagen de La Mancha quijotesca había oscurecido o absorbido a otros territorios de la provincia mucho más bellos y fotogénicos, pero que no eran estrictamente manchegos.

Le salían espontáneos los elogios aunque también a veces le salía cierta vena crítica hablando de algunas cosas de esta tierra. Por ejemplo, le resultaba llamativo el descuido o el poco esmero con el que habían sido construidas las fachadas y los zócalos de las casas, esos colores chillones y esa mezcla de materiales que convertían las calles en puzles variopintos donde la cal o el cemento alternaban con baldosines, azulejos, terrazos, ladrillos, piedra pulida, losetas de mármol o baldosas de todos los colores y tamaños…También criticó el desbarajuste de los cables de la luz y del teléfono, que colgaban de cualquier manera y contribuían a afear más aún las fachadas.

VIII

El siguiente día, el de su partida, aún nos dio tiempo a visitar la Catedral y la joya renacentista del retablo en alabastro de una de las capillas laterales de la iglesia de San

Pedro, y hasta pudimos tomarnos un café sin prisa junto al rey Sabio, que frente al exotismo nórdico de la fachada del ayuntamiento, parecía presidir, con desconcertado hieratismo, nuestra despedida. Y allí, como si se tratara de algún juramento formal, con el monarca como testigo, me invitó a que fuese algún día a conocer su tierra y su casa en Llofriu.

La acompañé hasta la estación del AVE y, al verla desaparecer entre los viajeros, sentí algo parecido a un vacío, que tal vez se rellenó con la promesa o con la esperanza de que algún día ella sería la anfitriona por los paisajes de su tierra. Y al verla desaparecer camino de los andenes, sonreí pensando que se llevaba algo de La Mancha a su Bajo Ampurdán, no sólo un puñado de días, paisajes y recuerdos; se llevaba también en sus ojos toda la luz de La Mancha.

ENTRE EL SUEÑO DEL AGUA
Y LA MALDICIÓN DE LA SED

DESDE EL GUADALMEZ AL ESTENA: PUEBLOS CON NOMBRE DE AGUA

En la cornisa occidental de la provincia, lindando con tierras extremeñas, hay unos cuantos pueblos con vocación fronteriza: Guadalmez, Chillón, Valdemanco del Esteras, Agudo, Navalpino, Navas de Estena… Una carretera nacional, la 502, actúa como único eje que los mantiene conectados. Parece que no están camino de ninguna parte, pero son muchos los caminos que llevan hasta ellos.

Entre esos pueblos, no por casualidad, hay algunos que llevan un río impreso en su topónimo: Guadalmez, Valdeazogues, Agudo, Gargantiel, Valdemanco del Esteras y Navas de Estena. Frente a la extraña sonoridad que poseen los sequizos afluentes orientales del Guadiana (Azuer, Záncara, Cigüela, Jabalón…), que nunca generaron un topónimo, los pueblos del oeste tienen nombre de agua. Al igual que ha ocurrido con algunos lugares regados por el Bullaque, estas poblaciones también se han apropiado del nombre de sus ríos, unos ríos que no sólo forman parte de su geografía o de su historia, sino también de su identidad.

El más humilde de todos esos pueblos, Valdeazogues, es una pedanía de Almodóvar del Campo con apenas una docena de habitantes, donde sólo destaca una modestísima iglesia consagrada a la Virgen de Candelas, su patrona. Ya en el *Diccionario* de Pascual Madoz se decía que tiene «muy pocas casas cubiertas de retama. La mayor parte de sus habitantes son gentes miserables que hacen una vida casi solitaria». Aunque las condiciones arquitectónicas han mejorado en los dos últimos siglos, la densidad de población, sin embargo, continúa siendo la misma, es decir, la de los pueblos casi deshabitados.

El Valdeazogues, un río de casi setenta kilómetros de longitud hasta su desembocadura en el Guadalmez, a veces quizás sueña que habría merecido una aldea de más fuste, o al menos un gran puente cuyos arcos se reflejaran en sus aguas. Pero ha de conformarse con la alcurnia etimológica de su nombre: Valle de los azogues, es decir, valle del mercurio, porque la suya, al atravesar tierras de Almadenejos y Almadén, es la ruta del cinabrio. El río Valdeazogues, sobre todo cuando se ensancha en charcos como el de los Carrizos, es un espejo leve y delicado, un espejo de plata líquida, un cauce de mercurio. Su nombre también podría haber sido la palabra griega *hidrargiros,* agua y plata, río de plata, río del mercurio; pero el Valdeazogues, sin grandes puentes ni poblaciones de las que enorgullecerse, sabe que muy pocos ríos como él, espejo y plata líquida, están orgullosos de su nombre.

Siempre avanzando casi rectilíneo hacia el oeste, pasado el embalse de Entredicho y el castillo de Manzaire, más allá de Almadenejos, el Valdeazogues vierte sus aguas en el Guadalmez. Casi asomado ya a tierras cordobesas y extremeñas, el pueblo de Guadalmez se mira en las aguas plácidas del río que también le da nombre, un río que antaño fue frontera natural entre los reinos cristiano y musulmán, y que aún hoy continúa siéndolo entre las dos provincias hasta el castillo de Vioque, cerca ya del pueblo.

Al igual que el río avanza indeciso entre dos territorios, también el pueblo parece indeciso entre unas y otras provincias. Eso se aprecia en el acento híbrido de sus gentes o en la diversidad de sus fachadas, caracterizadas por una amalgama de colores y materiales que van desde la cal a una gran variedad de ladrillos y azulejos, o desde los zócalos más variopintos y coloristas a algunas vistosas rejas engalanadas con macetas.

La plaza, con su solitario monolito, parece un tanto melancólica recordando otras madrugadas de Domingo de Resurrección en que, cada año, las nuevas promociones de quintos *pingaban* los arcos y colocaban en lo alto sus banderas. El tiempo quedó detenido para ellos en 1999, tras la supresión del servicio militar. Pero el Arco de los Quintos, forrado de hiniesta, permanece ahí, en la memoria de la población, como uno de sus ritos más característicos, un rito de renovación que nos recuerda que, como la amarilla flor de la hiniesta, todo es efímero y al mismo tiempo, en la naturaleza o en la vida, todo resurge cada primavera.

A los pueblos modestos como Guadalmez, debido a su situación fronteriza, les costó mucho lograr una identidad propia, que en su caso no consiguió hasta segregarse de Chillón en 1927. Tal vez por esa modestia o por esa identidad tardíamente forjada, el pueblo no erigió su ayuntamiento en una plaza, como suele ser costumbre, sino en una esquina. La flamante y coqueta iglesia, sin embargo, sí ostenta ese privilegio: una señal evidente de que Guadalmez gozaba de cierta autonomía para administrar los asuntos religiosos, pero no los mundanos.

Sin embargo, Guadalmez se redime de su humildad asomándose al río que le da nombre, y al verse reflejado en la anchura de sus aguas siente delirios de grandeza, porque los ríos grandes acrecientan la autoestima de los pueblos pequeños. Y el Guadalmez, después de muchos kilómetros discurriendo entre fronteras, por fin, como si viniera de una larga búsqueda, parece encontrarse a sí mismo al bordear la población a la que da nombre.

Sustentado sobre media docena de robustos tajamares cilíndricos, un amplio y sólido puente llamado de las Arenas, a las afueras, recibe al río, que se ensancha al pasar bajo él y casi roza los zócalos amarillos y la cal de las paredes de la plaza de toros. Ahí, en esa corriente remansada junto a la zona recreativa, se conserva toda la memoria de las calles jóvenes del pueblo, aunque más arriba, en la sierra, algunas de sus cuevas contienen signos de una memoria ancestral, con pinturas rupestres del Neolítico.

Toda la larga historia del valle pasó por este río, que posteriormente, durante la Reconquista, fue testigo de numerosas batallas. Después vio varias veces cambiar el pueblo de dueño, lo vio rodar de unos a otros dominios, contempló cómo pasaba de unos a otros marquesados. Pero los ríos no saben de intereses ni de compraventas o de límites territoriales, tan sólo fluyen buscando un cauce cada vez más ancho hasta su desembocadura. Al Guadalmez poco le importa que estas tierras bañadas por él perteneciesen a manos sarracenas o cristianas. Ni que siglos después fueran compradas por Diego Fernández de Córdoba al rey Sancho de Castilla, o que más tarde pasaran del marqués de Comares al de Medinaceli. Poco le importa que, hasta bien entrado el XIX, estos dominios pertenecieran al reino de Córdoba y sólo a partir de 1833 fuesen integrados en la provincia de Ciudad Real...

Desconocedor de todas esas minucias territoriales y administrativas, el río sólo sabe que él es el único dueño de estos lugares, y desde hace muchos milenios siempre estuvo ahí, abriendo cauces en la tierra. En estos valles su corriente ha visto culturas milenarias, atraídas por la riqueza minera del entorno, que se asentaron, prosperaron y, una tras otra, se extinguieron. El Guadalmez ha conocido reinos misteriosos como el de los míticos tartessos, ha visto desfilar por sus orillas a las legiones romanas, a las hordas de los visigodos, a aquellas tribus árabes que alcanzaron esplendor poco más al sur, en la Córdoba de los Omeyas. Pero al final, único dueño del tiempo y de estas tierras, sólo sus aguas han sobrevivido al transcurrir de tantos imperios.

Gargantiel, pueblo y río, es palabra que evoca corrientes tortuosas, cauces accidentados, hoces profundas; sin embargo, el Gargantiel es un río sosegado que da su nombre a una aldea que, con apenas dos docenas de habitantes, es aún mucho más tranquila.

Gargantiel fue pedanía de Almadenejos hasta el XIX y es corta su historia, tan corta como su propia fisonomía urbana. Apenas un par de calles y un puñado de casas encaladas se concentran en torno a la iglesia de Nuestra Señora de Gargantiel, cuyo recio aspecto exterior le confiere cierto empaque arquitectónico frente al humilde entorno que la rodea. Los cinco árboles distribuidos a lo largo de su fachada parecen formar parte del conjunto, en el que destacan la gracia de sus cuatro columnillas corintias sobre el tímpano de la portada, así como la reciedumbre de sus contrafuertes laterales. La Peña Gorda, con su rotunda forma triangular y su interior tallado, que antaño fue pieza de un molino harinero, es hoy otro rústico ejemplo a mitad de camino entre lo geológico y lo artístico.

Valdemanco es un pueblo equilibrista entre dos provincias, que tiene asentados sus cimientos en tierras castellanas, pero cuyos rojizos tejados y hasta sus balcones parecen asomarse a Extremadura. Al igual que Guadalmez, Valdemanco es una aldea de apenas doscientos habitantes, que no obtuvo su independencia de Saceruela hasta bien entrado el XIX. Y al igual que Guadalmez, parte de su identidad está relacionada con el agua. En su caso, la del Esteras y la del río Frío, su afluente, a lo largo de cuyas riberas antaño hubo una veintena de molinos harineros.

Valdemanco del Esteras, también como Guadalmez, puede presumir de un magnífico puente decimonónico de seis arcos, aunque se encuentra más alejado de sus calles. Los dos cauces confluyen más allá de la provincia, en el gigantesco embalse de la Serena, pero las aguas del Esteras se ven obligadas a realizar un recorrido mucho más lento y sinuoso hasta llegar a los primeros remansos de la presa. Por ello su corriente mira con cierta envidia a la del Guadalmez, que apenas traspasada la frontera provincial se adentra en las primeras lenguas de ese paraíso lacustre y embalsado que es el sueño de cualquier río y que, en este caso, se convierte en generoso alimento del Zújar y del Guadiana.

Pero más allá del agua, son los colores blanco y dorado los más propios de la identidad de Valdemanco. Por un lado, el dorado de la miel, porque en los paisajes de su pasado hubo un bullir de colmenas y un resonar de abejas que rompían con su zumbido el silencio de sus atardeceres. Un silencio que ahora sólo rompe el resonar de las esquilas. Por otro lado, el blanco de la cal de sus fachadas, en especial la del ayuntamiento, y el de la harina que, al borde del agua, molturaron sus molinos. A esos dos colores se añaden otros dos que también están estampados en su escudo: el rojo de la Cruz de Calatrava y el verde de sus pastos y sus montes, el verde de los fresnos del Esteras.

Al igual que los demás pueblos de esta cornisa occidental, Agudo también ha sido un territorio sin dueño durante siglos. Hace un milenio aparecía adscrito a la taifa de Toledo, pero posteriormente perteneció al reino de Sevilla hasta que fue donada por Alfonso VIII a la poderosa Orden de Calatrava; pero tras el fracaso de Alarcos, Agudo volvió a estar bajo dominio árabe. Todavía en 1264 el río Siruela marcaba los límites fronterizos entre los reinos de Toledo y Córdoba, aunque una década más tarde aparecía de nuevo incorporada a los dominios de la Orden. Pueblo, pues, de identidad inestable, ligado también a la presencia del agua, tanto es así que decidió rebautizar su río, antes llamado Siruela, con el nombre del pueblo.

Debido a su pasado y a su situación geográfica, Agudo tiene una pronunciada querencia a mirar hacia el oeste y hacia el sur. Por eso sus calles se concentran en torno a la carretera CR-4194, eje de paso que la divide en dos mitades casi simétricas, y el pueblo se alarga hacia poniente, como si quisiera acompañar a la carretera que, atravesando varios arroyos, avanza hacia los confines de la provincia. También, debido a esa misma querencia, en algunos lugares Agudo parece alzarse como buscando otros horizontes, muy distintos a los que vienen del este, de donde sopla el viento solano. Por eso, desde la ermita de San Blas, desde lo alto de su cerro amesetado, puede contemplarse una panorámica que abarca varios pueblos vecinos extremeños: Baterno, Tamurejo, Siruela, Garbayuela...

Más al norte, en Navas de Estena podría uno toparse con estelas romanas que acreditarían su antiquísima historia, pero el único imperio que dominó estas tierras fue mucho más fuerte y perdurable que las legiones de Roma: un imperio alzado entre rocosos farallones de pizarra y cuyas armas fueron la fuerza telúrica del monte y el cauce infatigable de los ríos.

Un paisaje muy agreste que ya Pascual Madoz definió como «asperísimo, rodeado de montañas elevadas y de secano pese a la abundancia de aguas. Tiene áspero bosque de jara, roble y chaparro; trigo a escasez, centeno, vacuno, cerdo y cabra, siendo éste el preferido; truchas y barbos y mucha caza...» Como símbolo de que aquí el único culto posible tiene como protagonista a la naturaleza, se alza en medio de la plaza un monumento al ciervo.

La peculiar iglesia de Navas de Estena levanta su cal y sus ventanas ojivales en un extraño juego de líneas curvas, como contagiada por la ondulante línea del horizonte, pero se ve empequeñecida por la verde cornisa de las montañas, que exhiben al fondo su poderosa musculatura geológica. Aquí las únicas cúpulas dignas de admiración son las de esa alta cornisa de montes que sirven como pórtico al Parque Nacional de Cabañeros. Y más abajo, ya en las afueras del pueblo, el hilo serpenteante y cantarín del Estena retuerce sus aguas entre los macizos de zarzas.

Frente a los raquíticos y siempre sedientos afluentes orientales del Guadiana, los ríos del oeste bautizaron con su nombre de agua a las pequeñas aldeas que tuvieron el privilegio de crecer en sus orillas. Esteras, Guadalmez, Siruela, Gargantiel, Estena, Valdeazogues: ríos con poca fama y pocas leyendas, pero que a lo largo de los siglos han cantado y aún siguen cantando la canción del agua, que es la canción de la vida.

EL JABALÓN Y SU PUENTES

I

Alguna vez he escrito que el Jabalón, río soñador e indeciso, tal vez nació con la esperanza de cruzar Despeñaperros y bajar hacia el Guadalquivir. De hecho, hay un momento, pasado Alcubillas, en que su cauce tuerce con cierta decisión hacia Torrenueva como si hubiera decidido encaminarse hacia los soñados paisajes andaluces.

A este río, muchos años antes de conocerlo puente a puente, ya le había dedicado yo algunos poemas allá por mi soñadora adolescencia. Uno de ellos, fechado en 1975, lo escribí mientras seguía el curso del río sobre un mapa. Estaba compuesto en versos octosílabos agudos y esdrújulos, y era una obvia imitación de otro que Antonio Machado le dedicó al Guadalquivir, cuyos primeros versos son los siguientes: «Guadalquivir, / te vi en Cazorla nacer, / hoy en Sanlúcar morir».

> «Te vi nacer, Jabalón,
> en los Ojos de Montiel,
> y muchos puentes depués
> te vi llegar a Corral
> cansado y muerto de sed.
>
> Río rebelde y raquítico,
> arrastras tus aguas tísicas
> entre restos arqueológicos,
> entre poblados ibéricos
> y entre llanuras volcánicas.
>
> Jabalón, te vi morir
> muy cerca de Ciudad Real».

119

Seguir hoy el curso del Jabalón a lo largo de sus 170 kilómetros de longitud es hundirse en la historia y evocar otros puentes y otras culturas que se asentaron en sus orillas. Río entre dos campos históricos, el de Montiel y el de Calatrava, a lo largo de él se establecieron pueblos tan prósperos como los oretanos, los godos, los árabes o los romanos. Yacimientos arqueológicos como los de Jamila, el Cerro de las Cabezas o el de Oreto y Zuqueca son testimonio de que las riberas del Jabalón albergaron culturas florecientes

Río ciclotímico que no conoce el equilibrio, vive condenado a fuertes y largos estiajes, aunque a veces hace exhibición de un poder inusitado y crece hasta desbordarse. Sin embargo, pese a sus peligrosas crecidas ocasionales, es incapaz de almacenar en sus dos embalses, el de la Cabezuela y el de la Vega, agua suficiente para abastecer a las poblaciones vecinas. Su sino maldito pudo comprobarse de nuevo durante las últimas lluvias de marzo y abril de 2024, que nutrieron abundantemente a los demás pantanos de la provincia, mientras que los del Jabalón apenas registraron el aumento de algún hectómetro cúbico en su caudal.

Nace cerca de Montiel, en un paraje que, emulando a los del Guadiana, llaman los Ojos de Montiel: cuatro manantiales que brotan de entre unas rocas calizas. Y ese origen viene a mostrar los delirios de un río que soñó con ser grande, pero se quedó en afluente. Tal vez por eso, porque tiene su orgullo fluvial herido, el Jabalón a veces se torna vengativo, se encorajina y provoca furiosas inundaciones. Su orgullo narcisista lo alimenta también evocando famosas batallas, por ejemplo cuando pasa cerca del castillo de la Estrella y, ante sus murallas, recuerda que sus aguas se tiñeron de sangre en batallas fratricidas como la que enfrentó a Pedro I el Cruel con su hermano Enrique II de Trastámara.

Tras haber escuchado el ruido ensordecedor de la guerra, el Jabalón endereza su curso, que se prolongará casi linealmente durante unos kilómetros, como si tuviera prisa por llegar a Villanueva de los Infantes, donde se topará con la primera de sus joyas arquitectónicas, la ermita de la Virgen de la Antigua, patrona de Infantes. Desde su sólido puente romano, que llaman de la Virgen, se han visto pasar muchas aguas y también muchos estiajes. Bajo los arcos de medio punto de sus tres ojos, en uno de cuyos machones se conserva una inscripción y un emblema heráldico, el río discurre con cierta gallardía, incluso con aguas rumorosas, quizás recordando los templos y las columnatas de aquella antigua población romana de Jamila que se alzaba sobre un collado y de la que, apenas a un kilómetro de allí, se conservan restos arqueológicos. Cuando pasaba por aquel lugar, el río se sabía privilegiado y se pavoneaba frente a las lujosas construcciones de Jamila, de las que aún sobreviven los cimientos de algunos edificios y, sobre todo, las catorce columnas que, desafiando al tiempo, evocan los «campos de soledad, mustio collado» de los que habló Andrés Fernández de Andrada.

Hoy el río no cuenta con el privilegio de la cercana Jamila, pero parece ponerse de puntillas al pasar frente a la joya arquitectónica de la ermita, como queriendo asomarse a su dieciochesco retablo barroco, a su patio porticado y sus diez cipreses que le dan solemnidad espiritual y recogimiento de claustro; un claustro que se levanta sobre columnas toscanas y, siguiendo la tradición de mezclar lo profano con lo religioso, tiene adosada al templo una plaza de toros.

Pasada la ermita, con la imponente cumbre del Cabeza de Buey al fondo, el río gira como en busca de un nuevo puente o en busca de algún pueblo modesto, porque el Jabalón es un río al que le gustan los pueblos modestos, como Alcubillas, de apenas medio millar de habitantes, aunque es mucho más larga su historia que su perfil demográfico. Y ese repentino giro del río hacia el norte, hacia Alcubillas, nadie sabe si se debe a la inclinación natural del terreno o al capricho de las aguas, que tal vez se han sentido atraídas de pronto por esa calle que se llama *del Río*, y que asciende entre tinajas y norias muertas hacia la sólida torre octogonal de la iglesia de Santa María Magdalena, coronada por un llamativo chapitel de pizarra.

O quizás lo único que buscaba el río es el cobijo de cruzar bajo los dos puentes con los que el pueblo sale a recibirle, uno para cada brazo en los que caprichosamente se bifurca. El puente de un solo arco, carente de pretiles, está rematado por unos indignos guardarraíles de color rojo y gualda, aunque bajo él se ve fluir el agua con cierta generosidad, entre otras razones porque el lecho está limpio de broza. Sin embargo, al atravesar su puente más bizarro, el de 1908, flanqueado por anchos pretiles de piedra, el río baja tan lleno de broza que casi llega a cubrir sus dos arcos. Tanta maleza impide al Jabalón, en ese tramo, contemplar los elegantes tejadillos de pizarra que coronan la torre de la iglesia, o las greñas cuarcíticas del cerro donde se encuentra enclavada la ermita de San Isidro.

Curso adelante, cerca ya de Valdepeñas, el río se adentra en el embalse de la Cabezuela, al que hemos visto convertido en un charco que apenas almacenaba un hectómetro cúbico, y donde pudieron contemplarse imágenes casi apocalípticas: las de sus orillas cubiertas de toneladas de peces muertos, cuyo brillo plateado pudría el aire del atardecer. Sin embargo, las lluvias de marzo han aumentado su caudal, y sus aguas, de un azul intenso, vuelven a alargarse entre los cerros, reflejando en una bella estampa las aborregadas nubes de la tarde.

Después, errático e indeciso, como si en un raro impulso se propusiera de pronto bajar hacia el Guadalquivir, avanza hacia el suroeste y se acerca a Torrenueva, tal vez buscando algún resto de sus antiguos molinos harineros. Hace dos siglos el Jabalón llegó a tener 36 molinos a lo largo de todo su curso, cinco de entre los cuales se encontraban en las cercanías de Torrenueva; sus ruinas han sido ahora aprovechadas para trazar una larga ruta senderista. Saliendo por la calle Vega, más allá del elegante puente de cuatro ojos, pueden verse los restos del primero de esos molinos. Y en primer término, el río queda reducido a unos charcos de agua que van siendo absorbidos por la invasora plaga verde de la juncia.

Pero donde el río se vuelve insólitamente verde es camino de la ermita de Santa María de la Cabeza. Allí, frente al puente que cruza sobre la carretera de Valdepeñas, el Jabalón se transforma en un ancho cauce cubierto de juncias, cauce de un verde frágil y tierno que, al cruzar bajo el cemento del puente, desaparece. Los siete arcos de hormigón de este indigno puente parecen nichos vacíos a la espera del cadáver del agua. Pero aquí no hay agua; aquí el único espectáculo es esa húmeda corriente verde y quieta, inmóvil oleaje de juncia que de pronto convierte al Jabalón en un río transformista y mágico.

Poco más adelante, entre cardenchas y maleza, apenas asoman las grandes piedras del pretil del antiguo puente romano, cuyos restos sólo son visibles en la fotografía de un panel informativo próximo. El cauce que discurría bajo este puente, hace dos mil años, se desvió y ahora el río se bifurca en dos brazos que están más alejados de la ermita de Santa María de la Cabeza, como si el Jabalón hubiese pretendido acercarse hacia el pueblo, hacia la monumental silueta gótico-isabelina de Santiago el Mayor.

Siempre indeciso en estos parajes de su cuenca alta, al atravesar Torrenueva el Jabalón se siente como atrapado entre dos devociones, o más bien entre dos templos, pero su verdadera devoción es la del agua. El río no cree en más templos que los de sus puentes; tampoco cree en otro dios que el de la lluvia, y ese es, por estas tierras, un dios bastante olvidadizo.

II

Más allá de Torrenueva, vestido con su hermosa túnica verde, el río parece encaminarse hacia las aguas termales del balneario Cervantes, pero de pronto vira hacia el norte y se dirige hacia Valdepeñas, ciudad grande, por donde el Jabalón pasa sin ninguna grandeza, tal vez porque esta ciudad, tan entregada al vino, vivió siempre de espaldas a sus aguas. Por eso, después de atravesar un mar de vides que ya empiezan a verdear en primavera, el Jabalón cruza por allí con cierto desamparo o cierta sensación de intemperie, sin los álamos, las sombras o las arboledas que sus orillas desearían. Nada más alejado del *locus amoenus* de los clásicos, en el tramo que atraviesa el coqueto puente de San Miguel baja canalizado y lleno de maleza, aunque eso tampoco ha evitado sus históricas crecidas y desbordamientos.

Como los animales asilvestrados, el Jabalón ha sido siempre un río cimarrón, difícil de domesticar, y hasta su propio nombre tiene algo de indómito, aguerrido y amenazador. De su peligrosidad natural dejó constancia escrita en uno de sus artículos el escritor valdepeñero Rafael Toledo: «A pesar del escaso caudal, en mi memoria infantil, su entorno siempre ha significado peligro, ya que las cercanas norias rodeadas de cañaverales, los saltos que regulan su lecho y las posibles pozas, eran de vez en cuando noticias luctuosas sobre accidentes y desenlaces trágicos».

Pero el Jabalón tiene una honda memoria neolítica, un orgullo de estirpe que pocos ríos pueden ostentar; por eso pasa despacio bordeando el Cerro de las Cabezas y sus restos arqueológicos, antes de adentrarse en unos parajes que, entre vides y olivos, le llevan durante unos kilómetros hasta el cruce de la comarcal y allí vuelve a enderezar su curso hacia el este presuroso por llegar a la ermita de San Blas (antigua de Santiago). Cerca de allí aún sobrevive el molino de Santiago, uno de los tres que tuvo Moral de Calatrava en otros tiempos, y el mejor conservado de todos los que el río encuentra hoy a su paso. En los alrededores del puente de Santiago, a lo largo de un tramo muy rectilíneo flanqueado por dos hileras de árboles frondosos, la juncia comienza ya a estrangular la corriente y a colonizar unas aguas que por aquí son quietas y abundantes.

Ese lamentable estado del lecho del río es, por cierto, el causante en buena medida de los esporádicos desbordamientos e inundaciones, como los que se produjeron a finales de 2009 y principios de 2010. El puente de Santiago, con sus vigas, sus machones de hormigón y su pretil metálico, es tan práctico como antiestético, y el Jabalón, que es un río fotogénico, pasa por allí añorando los arcos de piedra de sus puentes romanos, como el que le aguarda poco más adelante junto a la ermita de Oreto y Zuqueca.

Más allá de Moral de Calatrava, el Jabalón sufre otro arreón de nostalgia, al discurrir por los lugares donde estuvo la antigua estación de Montanchuelos que fue construida, como toda la vía férrea del *trenillo,* por el empresario Pedro Ortiz de Zárate para dar salida a los productos de su finca. El río por aquí no lleva agua, aunque tiene un lecho muy ancho y profundo, con terraplenes altos y casi verticales. Enfrente, al otro lado del río, se divisan los edificios del caserío de Montanchuelos. Para trasladar el vino, el aceite y otras mercancías desde la finca a la estación, hubieron de construir un puente, hoy desaparecido. Entre la maleza, medio ocultos entre jaramago y arbustos, pueden verse algunos restos de los dos pretiles ruinosos de aquel puente. Sólo el río podría dar ya testimonio de que por aquí pasaron, lentas y humeantes, las locomotoras del romántico *trenillo*, porque el trazado ferroviario desapareció hace tiempo entre los inmensos campos de olivares y viñedos,

Y el Jabalón, al menos en este tramo en dirección hacia el embalse, también puede darse por desaparecido. El cauce del río es apenas un confuso y erizado lecho de cañas y carrizos, sólo señalizado por una larga hilera de álamos secos. Por allí, entre los cerros oretanos, el Jabalón avanza entre uno de los paisajes más hermosos y espectaculares de su recorrido. En la margen izquierda, la ermita y el yacimiento arqueológico de Oreto y Zuqueca, con su necrópolis visigoda. Al fondo, hacia el suroeste, los conos de los cerros volcánicos que contribuyen a hacer aún más singulares estos parajes del Campo de Calatrava. Y poco más allá de la ermita, a consecuencia de la larga sequía, se ha hecho visible, como un milagro de piedra entre los carrizos, el elegante puente romano de Baebio, con sus recios arcos casi cubiertos por la vegetación, pero desafiando al tiempo y a toda clase de erosiones después de dos milenios.

A la derecha, tapiadas con ladrillos sus puertas y ventanas, se ve la casa de la antigua estación del *trenillo*. Pese a su estado, es la mejor conservada de toda la antigua ruta ferroviaria. Dentro del lecho del pantano, que se encuentra totalmente seco, se divisan unas construcciones de piedra que, al igual que el puente romano, han permanecido sumergidas durante años. Se trata de los restos de los tres puentes por donde el *trenillo* atravesaba el Jabalón con dirección a la estación de Granátula.

La ruta ferroviaria continuaba hacia el sur en dirección a Calzada, mientras que el Jabalón, nostálgico de bolliscas pero también de agua, pasa junto al volcán Columba y, poco más allá de la presa, hace un viraje hacia el norte para seguir su curso en paralelo a la carretera de Ciudad Real. Ya no volverá a toparse con ningún puente hasta las proximidades de la finca ganadera de La Nava, a la cual se accede a través de un estrecho carreterín bajo el que un puente de cinco arcos aparece como señal inequívoca de que por aquí el río suele venir crecido.

Es tal la cantidad de broza del lecho y sus alrededores, que apenas se ve agua corriente, tan sólo se aprecian charcos de cieno y de agua a uno y otro lado. Lo más llamativo de este puente, además de su gran tamaño y sus cinco arcos, es el estilo almenado de sus pretiles de piedra, que desde cierta distancia le dan una apariencia de fortaleza. Al fondo, sobre el puente, se levantan unas crestas de cuarcita que ascienden colina arriba y dejan al descubierto una gran oquedad que parece la entrada misteriosa de alguna cueva.

El Jabalón continúa su curso hacia el norte y, antes de cruzar la carretera, se ensancha como si pretendiese entonar un bello canto de cisne ante los vehículos que continuamente circulan por allí; sin embargo, ya que no puede exhibir agua, al menos intenta exhibir su gallardo puente decimonónico. Sus tres arcos escarzanos y sus vistosos ladrillos rojos son ya un monumento inútil por donde no pasa nadie, salvo su escuálido cauce, que siempre permanece a la espera de lluvias más generosas, con esa melancólica belleza que el tiempo pone en las cosas inútiles.

El caserío de la Puebla, poco más allá del puente, es la primera de una serie de fincas históricas que, a partir de ahí, va a atravesar el río en el tramo final de su recorrido. El edificio principal, con su fachada de cal y su zócalo añil, destaca entre las demás casas de labor, algunas en visible estado de abandono. Es como si el reloj de sol que hay sobre su portada se hubiese quedado detenido en un tiempo pasado en el que todo giraba en torno al río. Un tiempo que el poeta José Luis Morales evocó nostálgicamente en su libro *Por las deshabitadas arboledas.*

Pero hoy el Jabalón parece haberse quedado no sólo fuera del tiempo, sino también fuera del paisaje. A partir de ahí, su cauce emprenderá un recorrido más o menos incógnito, alejado de carreteras y de núcleos urbanos, aunque esa vocación de apartamiento va implícita en su propia naturaleza, pues no ha sido nunca un río muy sociable, y los pueblos, tal vez por miedo a sus crecidas, han preferido alejarse siempre de él.

Otro caserío histórico, el de La Torrecilla, le ve pasar desde su margen derecha. Antaño aldea y hoy conjunto de casas de labor, su casa señorial conserva un balcón de hierro cuyo emplazamiento original estaba en un edificio de la calle de la Mata, desde donde dicen que san Vicente Ferrer predicó en una de sus visitas a Ciudad Real. El Jabalón contempla con indiferencia todo eso y se dispone a atravesar los dos últimos puentes de su recorrido. El primero, el de la autovía que va hacia Puertollano, uno de esos gigantescos puentes hechos con prisa y hormigón armado, por donde los ríos pasan como desorientados, sin encontrar su cauce. Y el Jabalón, río indeciso por naturaleza, se desorienta aún más al pasar por allí porque ha quedado deslumbrado por el brillo metálico de un enorme parque fotovoltaico que se extiende a su derecha.

Quizás deslumbrado por ese brillo, el río avanza hacia la carretera, allí tuerce hacia el sur y durante un breve trecho discurre en paralelo a la N-420. Por su margen derecha, va delimitado entre el asfalto y los altos taludes de los cerros. A la izquierda, se estira un caminillo flanqueado por una valla de alambre y unas frondas de cardenchas altísimas y junqueras que inundan todo el ribazo. En medio, el cauce del río sólo se adivina por el denso bosque de plumones de los altos carrizos que, junto con las junqueras y el resto de maleza, impiden ver el agua, aunque de cuando en cuando puede observarse algún charco rodeado de barro.

El paisaje continúa invariable hasta el último puente, donde el río gira súbitamente hacia el norte. Es un monumental puente de piedra de siete arcos, demasiado monumental para un caudal tan exiguo, y se diría que el paisaje quisiera recibir con todos los honores a este Jabalón que siente ya cercana su desembocadura. Al otro lado del puente, aunque también flanqueado de cardenchas y vegetación abundante, se observan unos embalsamientos mayores de agua, incluso algún regato donde la corriente fluye rumorosa.

Traspasado ese puente, el Jabalón, que ya tendía a alejarse de los pueblos a lo largo de su recorrido, ahora se vuelve aún más huraño, se adentra en parajes más agrestes y va serpenteando plácidamente entre unos cerros que parecen despedirle a su paso. Algunos de esos cerros, con farallones abruptos en sus laderas, son volcanes como el Cabezo Segura, la Torrecilla, La Encomienda o Cantagallos, que hace millones de años mezclaron sus coladas de lava con las aguas del río.

Y de pronto el Jabalón, en su avance hacia el oeste, de nuevo zigzaguea y duda, gira hacia el norte, luego vuelve hacia el sur y endereza su rumbo, como si estuviera cansado o desorientado, o tal vez como si no quisiera llegar nunca a su destino, a ese destino inexorable donde le esperan ya, cerca de Corral de Calatrava, las aguas del Guadiana.

EL OJAILÉN Y EL FRESNEDAS

El Fresnedas y el Ojailén son dos ríos muy diferentes, aunque con un destino común: el de los cauces que están condenados a compartir sus aguas. El Fresnedas es río caprichoso que cambia de rumbo varias veces hasta fundirse con el Ojailén. Tiene su origen cerca de Venta de Cárdenas, en la Serranía de Santa Cruz, casi asomado a los vértigos de Despeñaperros; tras rozar apenas territorio andaluz, de pronto endereza su rumbo hacia el norte, como si se sintiera atraído por los paisajes de la llanura. Después de discurrir un buen trecho en paralelo a la CM 4111, a partir del embalse gira súbitamente hacia el suroeste para adentrarse en los parajes calzadeños de la Hoz.

Camino de Huertezuelas, la Hoz del Fresnedas es una zona muy agreste que, entre encinas, chaparros, jaras y retamas, anuncia ya el espinazo montuoso de Sierra Morena. Por allí, próximo a la fuente de la Teja y frente al altarcillo dedicado a la Virgen de Valverde, serpentea el Fresnedas rodeado de una vegetación exuberante y flanqueado por altas escarpaduras que el agua ha ido tallando en su camino hacia el sur. Es en ese entorno paradisíaco donde los calzadeños celebran, a finales de abril, su romería dedicada a la Virgen de Valverde.

El Fresnedas exhibe por allí su indómito carácter de río de montaña, con su verde artesonado de adelfas, de tamujos y de los fresnos que le dan su nombre. Después de trazar su hoz frente al pequeño templete de la virgen, continúa su tortuoso recorrido dispuesto a encontrarse con el Ojailén; y una vez unidos ya con el Montoro, avanzan en el cauce común del Jándula para emprender su camino hacia el Guadalquivir.

El Ojailén nace en las lejanas tierras del oeste, concretamente en la Sierra de la Solana de Alcudia, cerca de Viñuela, y aunque en algunos tramos apenas muestra hechuras de arroyo, ya se le notan ínfulas de río en lo profundo del cauce y en las coquetas hileras de arbolillos que flanquean sus márgenes. A la altura del cruce con la cañada real soriana, gira y avanza entre álamos hacia los primeros puentes de su recorrido, puentes que no sólo salvan el paso de los vehículos por carretera, sino también el de los trenes que van hacia el oeste y hacia el sur.

Esa es la peculiaridad del Ojailén. Desde Brazatortas hasta las proximidades de Puertollano, avanza escuchando el zumbido infernal de esos trenes que perturban el silencio de sus aguas. El Ojailén, que es un río huidizo y evita siempre la travesía de los pueblos, no puede evitar, sin embargo, el estruendo metálico que constantemente resuena a muy poca distancia de él, a veces casi rozándolo. El hierro de los raíles y el frío de los balastos casi forman parte ya de su identidad, por eso a partir del puente que pasa bajo las vías, los dos caminos, el ferroviario y el de agua, discurrirán durante muchos kilómetros en paralelo.

Como es bastante huraño, el Ojailén prefiere también mantenerse a cierta distancia de Brazatortas, de sus calles rectas y sus fachadas encaladas. En la carretera comarcal 4115, a la salida, se levantan dos puentes, uno nuevo y otro más antiguo por donde ya apenas circulan vehículos. Bajo ellos, la corriente se ensancha y las aguas remansadas ofrecen una estampa fugaz de río grande. Cuando se aproxima a Retamar, de pronto parece como intimidado frente a los altos taludes negruzcos de las vías, y zigzaguea indeciso. Su cauce ondulante contrasta con el trazo de las dos líneas férreas por donde cruzan trenes en ambas direcciones, el regional hacia Badajoz y el AVE hacia Sevilla.

Al fin, tras entretenerse en un tramo erizado de cañaverales, el río gira hacia el sur y poco más allá de unas pasaderas de piedra, se ensancha en una serie de tablillas a las que llega más asordinado el ruido de los trenes. Luego continúa durante un buen trecho con su meandroso recorrido, siguiendo siempre en paralelo al ferrocarril, hasta que este se aparta en dirección hacia el norte; pero el Ojailén se niega a seguir el curso de los trenes porque es un río solitario y huidizo al que no le gusta el trajín de las ciudades; por eso, tras pasar el Puente de Asdrúbal, se aleja de Puertollano.

Cuando llega hasta los apocalípticos paisajes del complejo petroquímico, con sus blancas esferas, sus tanques metálicos y sus gigantescas chimeneas humeantes, sus aguas se vuelven turbias y malolientes. Allí, desde el puentecillo sobre la carretera de El Villar, se ven varios canalillos y tuberías procedentes de las plantas químicas, que vienen a verter sus fluidos a la corriente del río. Eso explica la tierra negruzca de las orillas, el olor fétido que impregna el aire, el color oscuro y cenagoso del agua. Los altos, secos y frondosos cañaverales, la broza acumulada en una y otra orilla, incluso en el mismo cauce, son señales inequívocas de un abandono que ya dura demasiados años.

Sintiéndose una cloaca en medio de un paisaje muerto, el Ojailén concluye su travesía por el infierno de Repsol, y a partir de El Villar emprenderá un recorrido mucho más bucólico, en paralelo a la carretera que va de Puertollano a Villanueva de San Carlos. Cerca de La Alameda, vira hacia el sur, tal vez porque ya intuye que su destino son las quebradas de Sierra Morena. Al contrario que la mayoría de los ríos manchegos, que van hacia el oeste, el Ojailén y el Fresnedas tienen una irreprimible vocación sureña y en algún momento de su curso parece que eligieron ser ríos de montaña más que de llanura.

Ríos hermanos, los dos tienen en común otros rasgos que los hacen similares: poseen una longitud parecida (unos cincuenta kilómetros), nacen a una altitud similar (entre 700 y 800 metros), ambos tienden a huir de todos los núcleos de población por donde discurren, y los dos son ríos humildes, aunque su caudal ya lo quisieran para sí la mayoría de los ríos manchegos de llanura. Son ríos huraños, cuyos cauces prefieren no rozar las calles de los pueblos, y la mayoría de los territorios por donde pasan son aldehuelas, pedanías modestas o poblados de colonización: Los Mirones, Umbría de Fresneda, Huertezuelas, Viñuela, Retamar, El Villar, La Alameda o Belvís; poblaciones que, en algunos casos, apenas alcanzan el centenar de habitantes; otros, con mejor fortuna, cuentan con algunos cientos de habitantes censados. Pero en general, se trata de lugares casi despoblados y reducidos a la explotación ganadera y cinegética.

La modestia de estos ríos, más que a su propio caudal, se debe en realidad a su vocación de apartamiento, a esa voluntad de distanciarse de los lugares habitados. En el caso del Fresnedas, su curso resulta a veces accidentado y atraviesa zonas de difícil acceso. Su cauce apenas se ve atravesado por ninguna carretera o vía principal. Su único puente, frente a unos monumentales riscos y frente al altarcillo de la Virgen de Valverde, es el que se levanta a su paso por la Hoz, y presenta una indigna y endeble barandilla metálica a modo de pretil.

El Ojailén, al menos en los primeros tramos de su recorrido, sí puede presumir de puentes, algunos de ellos monumentales, como los que se elevan en las cercanías de Brazatortas o Puertollano. También pudo haber presumido de otro puente sobre el cual estaba previsto que circulara un tren en dirección a Marmolejo. Pero el proyecto de esa vía férrea fracasó, y aquel puente, en las proximidades de El Villar, quedó reducido a dos gigantescas e inútiles pilastras que aún se levantan sobre el agua como un monumento al vacío.

Más adelante, siguiendo su curso, en la calzadeña finca de Herraderos, hay otro humilde puentecillo, aunque más bien debería denominarse pasarela, pues se trata de una plataforma metálica que sirve sólo para cruzar a la otra orilla. Un caso idéntico es el que encontramos al final del camino, en el lugar de la junta, donde una amplia y negra plataforma hace las veces de puente que, sin embargo, no lleva a ninguna parte, salvo a la entrada de una finca.

El Ojailén es un río ferroviario que casi desde su origen está acostumbrado al ruido y al paso de los trenes. A partir de Puertollano, nunca llegó escuchar su metálico estruendo, pero durante muchos kilómetros le acompañó un sueño de prosperidad y progreso: un sueño malogrado, que fue el de la construcción del ramal del ferrocarril entre Puertollano y Marmolejo. El proyecto se inició en 1926 y pretendía atravesar Sierra Morena siguiendo los cauces del Ojailén y del Jándula. Atravesaba, en su trazado, los términos de Mestanza, Villanueva de San Carlos, Calzada y San Lorenzo. Pero la caída del dictador Primo de Rivera y más tarde la Guerra Civil ralentizaron las obras de construcción, que finalmente fueron canceladas.

Sin embargo, de su trazado inconcluso aún quedan numerosos testimonios a lo largo del río: por ejemplo, el citado puente sobre el Ojailén, la fantasmagórica estación de El Pardillo, las hondas trincheras, los altos taludes y, sobre todo, los siete túneles que fueron perforados sin ningún tipo de maquinaria, sólo con herramientas convencionales. Largos túneles, algunos excavados en roca viva, de entre 300 y 850 metros, que hoy en día sirven tan sólo de refugio para murciélagos de diversas especies. De hecho, constituyen un hábitat protegido desde que, en 2004, fueron declarados «Microrreserva Túneles del Ojailén» y están incluidos en la Red Natura 2000.

El Ojailén fue testigo de aquellas titánicas obras, contempló compasivamente el esfuerzo de esos hombres que, siguiendo su curso, allanaron el terreno y, metro a metro, a golpes de pico y maza, se dejaron el alma en cada túnel. Por eso sus aguas, como ningunas otras, saben del fracaso, saben del esfuerzo y del trabajo inútil. Pero la misión de los ríos no es compadecer a los hombres ni entender sus desvaríos, sino marchar siempre adelante, discurrir indiferentes buscando, con serena elegancia, el destino inexorable de su desembocadura.

Tal vez el Ojailén nunca creyó en tal proyecto ni deseó tampoco que la ruidosa y humeante maquinaria de los trenes llegara a verse algún día reflejada en sus aguas. Cuando se aproxima a Puertollano, viene ya un poco mareado del continuo vaivén de esos trenes modernos que no dejan de circular hacia el oeste y hacia el sur. Y a partir de ahí, camino de Villanueva de San Carlos, el Ojailén se reencuentra consigo mismo, que es como decir con la belleza y con la paz de sus bucólicos paisajes. Allí se siente, por fin, único dueño de aquellos dominios del Campo de Calatrava.

Por eso, consciente de que la ley de la naturaleza acaba siempre imponiéndose a la mano del hombre, su corriente avanza sosegada, mirando con indiferencia o con desprecio las trincheras de la frustrada vía férrea, sus altos terraplenes, las bocas tenebrosas de sus túneles, que al anochecer se convierten en un hervidero de murciélagos.

Al trasponer el puentecillo metálico que, a mitad de camino, obliga a cruzar hasta la margen derecha, el río parece impasible, quieto y como ensimismado entre sus juncias. Otras veces juega a ocultarse, se aleja del camino y se dedica a contemplar sin rencor la recta y monótona senda por donde nunca llegaron a circular los trenes. Pero otras veces apresura su marcha, se vuelve rumoroso y espumeante, traza curvas como queriendo remansarse, y luego, impaciente, estira otra vez su curso como con prisas por llegar pronto a su cita con el Fresnedas.

Su camino concluye junto a la negra plataforma metálica que hace las veces de puente. Allí, poco más arriba, oculto entre una vegetación variada, recibe las aguas del Fresnedas, allí unen sus destinos y desde allí, convertidos ya en un solo cauce, el del Jándula, comienzan una andadura nueva hasta recibir al Montoro, que engrosará su caudal poco antes de adentrarse en la Sierra Madrona y de penetrar en territorio andaluz, camino del Guadalquivir.

Desde allí, desde la humilde plataforma sin pretiles donde se funden dos corrientes y se asiste al bautismo de un río nuevo, el Ojailén y el Fresnedas miran por última vez, remansados entre juncos, los terraplenes del trazado ferroviario avanzando hacia un túnel próximo, que quedó también a medio construir. Al fondo, al suroeste, una imponente barrera natural rocosa, los picos verdegrisáceos del morrón de Almansa, en la Sierra de Puertollano, anuncian que al recién nacido Jándula, más allá del Montoro, le aguarda un recorrido quebrado y agreste hacia el cauce soñado del Guadalquivir.

EL OTRO GUADIANA

Habíamos visto al Guadiana, en su cuenca alta, remansándose en milagrosas lagunas de color turquesa y verde esmeralda, a lo largo de un viaje lacustre que finalizaba espectacularmente en el salto de El Hundimiento, allá en Ruidera. Lo vimos luego embalsándose en Peñarroya y, tras atravesar la Argamasilla quijotesca, quizá influido por los delirios del personaje cervantino, lo vimos esconderse para reaparecer de nuevo, esplendoroso, en las Tablas de Daimiel.

Nunca llegamos a ver el rebosadero de sus ojos claros, ni tampoco pudimos contemplar el cinturón azul de sus aguas ciñendo las murallas de Calatrava la Vieja, pero tras embalsarse en la presa de El Vicario, lo vimos virar súbitamente hacia el sur para acercarse a otra histórica fortaleza, la de Alarcos, donde Alfonso VIII derramó las lágrimas de una de las más amargas derrotas cristianas. A partir de ahí y hasta Luciana, seguimos su curso menesteroso, convertido ya apenas en una sombra de río, en una seca cicatriz nostálgica de sus líquidos recuerdos.

Pero había otro Guadiana más allá de la llanura, un Guadiana insólito y poco conocido que, a partir del Bullaque, asume una nueva identidad a lo largo de unos paisajes que ya nada tienen en común con la planicie manchega. No hay más que trazar como línea divisoria el curso descendente del Bullaque hasta su desembocadura, para contemplar la diversidad y contrastes que caracterizan a la provincia, para comprender que, pese a llevar el mismo nombre, el Guadiana es, a uno y otro lado de su más generoso afluente, un río con caudal y con hechuras muy distintas.

De la misma manera, el este y el oeste del Bullaque aparecen como dos zonas geográficas muy diferenciadas. Hacia levante predomina una orografía de suaves colinas, de líneas curvas y erosionadas, que son los cerros volcánicos del Campo de Calatrava; algo más allá se extiende la inmensidad de la llanura manchega, una sucesión de cauces secos y paisajes calcinados, una amarilla monotonía de rastrojeras y cardenchas, de olivares y viñedos, de quinterías, hazas y sementeras. Cauces secos de la superficie que contrastan con una maraña de pozos que vampirizan el agua subterránea de los acuíferos: razones y sinrazones que explican la sed ancestral de esta llanura abrasada por la maldición de la sed. Y ahí, en medio de esos paisajes esquilmados, el río Guadiana, siempre imprevisible y caprichoso, aparece y desaparece como si se avergonzara un poco de su extraña condición fluvial.

Al norte y al oeste del Bullaque, la orografía se encrespa y el monte adquiere un inusitado protagonismo. El carbón de Puertollano, la galena argentífera de El Horcajo, los yacimientos de zinc y plomo de San Quintín y el cinabrio de Almadén, han demostrado durante siglos la riqueza de estas tierras occidentales que también, a su modo, han sido desangradas por la industria minera. Pero la verdadera riqueza de estos suelos no proviene de sus minas, sino de sus espacios naturales, de sus valles y dehesas, de sus cumbres y sus rañas, por donde corzos, ciervos y jabalíes pululan en libertad; proviene de sus verdes húmedos, del sueño desbordado de la savia, un sueño que se transforma en el estallido vegetal de unos bosques que no han sucumbido todavía ante la acción erosiva de los hombres.

Esa otra forma de riqueza no es cuantificable, pero puede percibirse en los aromas de la jara, el tomillo y la ajedrea, en el discurrir inquieto de los riachuelos o en la espejeante serenidad de las tablas. Y, por encima de todo, se percibe en ese insólito Guadiana que, después de demorarse en perezosos meandros y encharcarse en los bonales, avanza entre cauces recónditos dispuesto a abandonar la provincia con voluntad de escultor, tallando hoces y gargantas que le devuelven a su condición de gran río de los prodigios.

El contraste entre ambas zonas geográficas se refleja también en los núcleos de población. En los territorios orientales prosperaron las grandes ciudades, los pueblos crecidos al amparo de la industria vinícola o de las mejores comunicaciones viales y ferroviarias. Pero a medida que se avanza hacia poniente, sin más conexiones que las carreteras comarcales o locales, decrece notablemente la densidad de población y los núcleos urbanos característicos pasan a ser pueblos humildes, aldeas y pedanías que, desde hace medio siglo, se encuentran en un proceso irreversible de despoblación. Y es que estos parajes situados al oeste del Bullaque no parecen patrimonio del hombre, sino más bien patrimonio de la naturaleza.

No deben buscarse en estos pueblos encantos turísticos, edificios monumentales, casas solariegas, aunque en algunos de ellos quedan vestigios que atestiguan su antigüedad y una larga historia que fue, con seguridad, más gloriosa que su modesto presente. Algunas fortificaciones recuerdan que también fueron tierras de frontera, pero lo más monumental, en ellos, son los parajes y el entorno donde están enclavados. Sus calles y sus casas tienen a menudo vocación trepadora y se encaraman sobre lomas o sobre colinas que delatan su carácter áspero y montuoso.

Tras su desembocadura en Luciana, el Bullaque revitaliza con su caudal al agonizante Guadiana, y a partir de ahí da comienzo el tramo medio del río, que poco a poco va recuperando su memoria de agua; tras recibir el tributo de afluentes más generosos que los meridionales, se adentra en unos paisajes de insólita, agreste y desconocida belleza. En este sentido, el geógrafo Enrique Luengo, en uno de los artículos de su interesante blog «Almanaque natural», realiza esta sorprendente reflexión:

«El Guadiana de los Montes, o viceversa, los Montes del Guadiana, una de las mejores regiones naturales ibéricas a la par de una de las más desconocidas, pero siendo lo uno cómo se puede ser lo otro, cómo es posible que tan poca gente en España sepa que al occidente de la meseta meridional y a caballo con Extremadura, exista una de las mayores y mejores áreas ibéricas».

Y llevando un poco más lejos sus razonamientos y sus reivindicaciones, el citado autor reclama muy acertadamente que, siguiendo el ejemplo de Cabañeros, deberían declararse Parque Nacional no sólo estos territorios de la cuenca media del Guadiana, sino también los Montes de Toledo y, por el sur, las primeras estribaciones de Sierra Morena. Todos esos territorios no son zona de paso hacia ninguna parte, no son una sucesión de paisajes dispersos, al contrario –según asegura Luengo– «son un todo, un conjunto, es el corazón salvaje de Iberia el que late bajo esa coraza revestida de monte bravío que va desde el Despeñaperros jienense hasta el Monfragüe cacereño».

Pues bien, a lo largo de todos esos insólitos parajes que el Guadiana va regando con ilusión renovada, se suceden meandros y bonales, tablas, hoces y gargantas, boscosas laderas y umbrías casi inextricables, que el río jamás podría haber imaginado en su sedienta travesía por La Mancha. Al igual que ocurre con las poblaciones situadas en el entorno de Cabañeros, es un territorio donde los caminos más interesantes no son los que conducen a los pueblos, sino los que se internan monte adentro o van siguiendo las riberas de los ríos.

Como ejemplo de ello, Puebla de Don Rodrigo tiene bien asumida su condición de pueblo modesto, pese a su iglesia de San Juan Bautista del siglo XV. Frente a ella, se abre una oblonga plaza con palmeras, a la que ponen un aire de exotismo y modernidad una farola de tres brazos y un recio obelisco de granito. Cerca de allí, en correspondencia con esa doble imagen de modernidad y tradición, se alzan paralelos los dos puentes de Retama, últimos y gigantescos arcos bajo los que el Guadiana discurre antes de abandonar la provincia. Los doce enormes arcos de piedra del puente viejo, por donde no pasa ya la carretera, son la prueba de que por aquí el río comienza a adquirir una ancha memoria fluvial. Pero los mayores encantos de este pueblo son sus paisajes naturales, entre ellos la singularidad de los meandros y los parajes boscosos de Valtrigueros, un privilegio forestal que ostentan pocos ríos peninsulares.

A poco más de una legua de Arroba, aunque permanece alejado de los ríos, Fontanarejo guarda en su topónimo un vago recuerdo de surtidores y manantiales. Sin embargo, su identidad, más que en el agua, Fontanarejo la ha sustentado siempre en el monte. Por eso su iglesia de San Felipe y Santiago se levanta laderas arriba, como en un arrebato de espiritualidad, en la zona más elevada del pueblo. Y también por eso su olor más representativo es el del romero, que cada 30 de abril, en la fiesta de las luminarias, se quema ante las puertas de las casas como en un rito ancestral de purificación.

Un poco más al oeste, dan fe de la antigüedad de Arroba de los Montes algunas pinturas rupestres y varias construcciones megalíticas, incluso exhibe con cierto orgullo su iglesia renacentista de Nuestra Señora de la Asunción, pero su tesoro natural mejor guardado lo conserva en la Tabla de la Murciana, donde el río se remansa entre altos riscos cuarcíticos, entre los que aún pueden reconocerse algunos de los refugios que usaron los maquis tras la Guerra Civil. Y poco más allá, río abajo, los imponentes farallones rocosos del Estrecho de las Hoces, que a lo largo de milenios fueron tallados por el Guadiana con su paciencia de orfebre.

La carretera comarcal 4103, que viene de Arroba y de Puebla de Don Rodrigo, tras cruzar el río San Marcos zigzaguea entre densos pinares antes de llegar a Navalpino, como anunciando que la verdadera identidad de este pueblo también está marcada por el monte. Por eso sus casas y sus calles se derraman entre las laderas de unos tesos suaves. Una adehesada llanura llega hasta sus primeras casas y se empina después hacia las primeras rañas de la Sierra de Valechoso, de ahí que sus calles dibujen un sinuoso tobogán que avanza entre ondulaciones y declives.

Como todos los pueblos de su entorno, Navalpino, crecido a la sombra de los roquedales de la Peña de los Moros, se niega a mirar hacia levante, hacia la inmensa llanura manchega, donde el río Guadiana adquiere una presencia fantasmal y discontinua. Los ojos de Navalpino tienden a dirigirse más bien hacia el norte y hacia el oeste; hacia el norte porque ahí, muy cerca, en el espacio sagrado de Cabañeros, entre el ruido de la savia y el vuelo de las rapaces, se encuentran las señas de su identidad. Y mira también hacia el oeste, hacia los territorios donde el padre de los ríos manchegos, más allá de la desembocadura del Valdehornos, ya no conoce el estiaje. A Navalpino le gustan los paisajes y las luces crepusculares, por eso su mirada se dirige hacia los montes, incluso el coqueto retablo gótico o los dos ojos de la espadaña de la iglesia de San Bartolomé miran también hacia poniente.

Pueblo pequeño y asustadizo, con poco más de dos centenares de habitantes, a veces Navalpino, al atardecer, correría a refugiarse en sus dos grandes cuevas, la Clara y la Oscura, que antaño sirvieron de refugio al ganado. Y también, en su afán aventurero de viajar hacia el oeste, le gustaría marcharse con el Valdehornos, disolverse en sus aguas y, a través de su cauce, contemplar el Estrecho de las Hoces excavadas por el otro Guadiana, un Guadiana que, olvidado ya de sus devaneos por la llanura, muestra una musculatura de río grande, capaz de esculpir tajos y gargantas entre montañas escarpadas. Y ese soñado viaje de Navalpino concluiría un poco más allá, casi en tierras extremeñas, junto a los vestigios de su antiguo molino harinero.

Las fachadas nuevas y las casas remozadas, incluso el aséptico edificio del ayuntamiento, ofrecen la imagen aparente de que Navalpino es un pueblo sin historia, pero se trata de una impresión engañosa. Los muros románicos de su iglesia se remontan al siglo XIV, y los baños termales de Villarejo, de origen árabe, que datan del XI, certifican la antigüedad de esta población que cada tarde, mientras el sol se pone, mira hacia Cabañeros y luego mira hacia el oeste, hacia las aguas próximas del Guadiana, y siente que esa historia, la de los ríos, es mucho más larga y más importante que la historia de los pueblos o la de las mezquindades humanas.

Sin embargo, incomprensiblemente, la de los ríos es una historia que aún está por escribir.

HUMEDALES MANCHEGOS
Y OTRAS PARADOJAS

«Pero el cadáver, ay, siguió muriendo».

CÉSAR VALLEJO

Los días internacionales de algo son efemérides inútiles que sólo sirven para reivindicar y recordar, a lo largo de un día, lo que habrá de olvidarse durante el resto del año, como si con tales celebraciones se pretendiera purgar nuestra mala memoria o nuestra mala conciencia. Pero celebrar el Día Internacional de los Humedales en La Mancha, tal y como suele estar la salud hídrica de nuestro suelo, es algo que se encuentra entre la paradoja, el histrionismo y el más cruel de los sarcasmos. Nuestros moribundos humedales están para celebrar poco más que unas exequias.

No está la situación, en efecto, para discursos edulcorados ni para palabras complacientes. Lo que necesitan nuestros humedales, hoy por hoy, no son argumentaciones inanes que apenas resistirían un comentario de texto; lo que necesitan más bien es que se tomen decisiones drásticas, urgentes y eficaces.

Aquel día pudimos leer, en algunos medios, un artículo donde la consejera del ramo, obligada por su cargo, desenvainó su pluma para celebrar el DIH. En él trataba de dejar muy claro, entre otras cosas, que

> «todas las provincias de Castilla-La Mancha, a través de las delegaciones de Industria, Energía y Medio Ambiente, destinan hoy en sus agendas un apartado privilegiado a esta efeméride, divulgando la importancia de la conservación de los humedales, la responsabilidad que atañe a todas las administraciones públicas y la necesidad de fomentar un nuevo modelo social de progreso, que refleje como punto de partida el respeto al Medio Ambiente...».

Pero mientras tanto, las perforadoras, implacables, seguían excavando pozos cada vez más profundos, y nadie quería escuchar su devastador e ignominioso estruendo, ni quería escuchar tampoco el grito acusador de las aguas vampirizadas.

Con ese asombroso don de la oportunidad que sólo tienen los políticos, la consejera eligió, para hablar de los humedales manchegos, la época más húmeda que nuestra memoria era capaz de recordar. No importa el nombre de la consejera, porque los nombres suelen ser transitorios y, por demás, intercambiables. Pero lo cierto es que, para contextualizar sus palabras, o tal vez para darles mayor realidad y fundamento, la consejera eligió uno de los inviernos más lluviosos de las últimas décadas. Meras sutilezas del *marketing* o quién sabe si sólo un guiño del azar.

Y como si los elementos se hubiesen confabulado también para reforzar la veracidad de sus palabras, los hados quisieron que por aquellas fechas, tan pródigas en agua, coincidiera la efeméride del Día Internacional de los Humedales. Y ya que los azares le eran tan propicios, la consejera se dejó llevar en algún momento por los arrebatos de cierta exaltación ditirámbica al referirse a los humedales manchegos que, según su propia afirmación, «constituyen una de las mayores riquezas medioambientales de todo el mundo».

El azar quiso que el Día Internacional de los Humedales amaneciese húmedo en La Mancha, aunque con esa fragilidad de espejismo que suelen tener las humedades manchegas. Y muy bien asesorada, la consejera elaboró un texto cuajado de fervor reivindicativo, sin concesiones a la lírica, sabedora de que son los números y no las bellas palabras las que contribuyen a hacer más habitable el mundo. Su escritura no estaba llamada a pasar a la historia de la literatura, aunque tampoco eran tales sus pretensiones; pero al menos poseía claridad y corrección, las dos cualidades mínimas que se le deben exigir a un consejero cuando agarra la pluma.

Desde semejantes fundamentos estilísticos, el discurso iba jalonado de fechas y de cifras, trufado de tecnicismos y redactado con el lenguaje aséptico de las declaraciones oficiales. Y en su prosa, un tanto rígida y protocolaria, chirriaba el óxido de algún adjetivo forzado y gratuito: «El inexorable interés por el cuidado del Medio Ambiente ha liderado, en todo momento, las políticas desarrolladas por el Gobierno de Castilla-La Mancha...». O incluso, con gran desparpajo metafórico, alguna vez se refería a los humedales como «auténticos oasis de vida».

Pero muy cerca de Villarrubia, los Ojos del Guadiana, que alguna vez fueron de color turquesa o verde esmeralda, intentaron en vano abrir sus párpados calcinados. Y bajo el puente de Zuacorta, el cadáver de un río, que antaño fue grande y poderoso, continuó muriendo...

Las palabras de la consejera pecaban de escasa elasticidad y cierto envaramiento, con una prosa de periodo amplio y una tendencia a la enumeración que, sin embargo, no oscurecían la claridad expositiva. Pero había en ella algo de ese musgo que permanece en las umbrías, quizás un vago tufillo a naftalina, ese aroma indefinible de los textos que han sido escritos no a la intemperie de la tierra, sino al abrigo de los despachos. Y a lo largo del discurso, con una irreprimible retórica de manual, iban aflorando los ejemplos configuradores de ese «oasis de vida» que son las lagunas de origen volcánico del Campo de Calatrava, o las lagunas asociadas a sistemas fluviales, o las lagunas de origen kárstico, o los humedales salinos...

Pero los tarayes de las Tablas de Daimiel seguían retorciendo sus ramas hacia el suelo buscando dramáticamente unas humedades cada vez más lejanas; y en los paisajes encantados de Ruidera, el salto del Hundimiento veía desvanecerse sus cortinas irisadas. Y los secarrales del Molino de Molemocho continuaban ardiendo sobre las brasas de un suelo maldito que tan sólo las aguas de algún diluvio bíblico podrían ya apagar.

La consejera gustaba mucho de utilizar hermosas palabras: esas palabras que no debieran usarse en exceso porque, a fuerza de repetirse, se acaban desgastando. Palabras de muy noble resonancia si no fuera porque forman parte del vocabulario cotidiano de los políticos; bellas y dignas palabras de niebla que, como los suspiros becquerianos, son aire y van al aire: palabras como «compromisos» y «planes» y «tareas para el futuro», y «espacios protegidos y políticas medioambientales...».

Pero los pozos ilegales de los campos manchegos seguían sin cerrarse.

El complaciente y bienintencionado discurso de la consejera estaba escrito a golpes de estadística y estaba forjado con el metal abrumador, pero volátil, de las cifras y de los porcentajes. Y por eso no dejaba de resultar, en el mejor de los casos, un tanto alejado de la realidad cotidiana:

«En la actualidad el 23 por ciento del total de la superficie de nuestra Comunidad Autónoma, es decir, casi dos millones de hectáreas, está protegida. De los 104 espacios naturales protegidos tenemos, entre otros, dos parques nacionales, un paisaje protegido, 47 microrreservas y 53 zonas húmedas».

Sin embargo, a pie de surco o a pie de manantial, que es de donde surte el agua limpia y verdadera de la vida, la realidad de las aguas manchegas seguía viéndose de un color muy distinto. La capa freática continuaba siendo esquilmada y la acción implacable de las bocas de riego seguía reduciendo a un espejismo el sueño líquido de la llanura: un sueño que agonizaba ante la voracidad de los maizales y ante la sed infinita o el verde avaricioso de los cultivos de regadío.

La consejera había hilvanado muy bien su discurso con largos párrafos de ritmo lento y de cadencia ancha, y había en todo él un deje de autocomplacencia, una satisfacción que era la de quien se pone a hacer balance y comprueba, con orgullo, que le salen las cuentas. Y en esa larga enumeración de prodigios, no sólo anotaba lo ya realizado sino también las apuestas de futuro y los proyectos venideros:

«Las actuaciones de concienciación y educación social, especialmente en los más jóvenes, constituyen una tarea elemental para el futuro de nuestros humedales, de nuestros parques naturales, de la flora y fauna de cada territorio, de cada río...».

Pero el Azuer y el Cigüela, igual que sus hermanos el Jabalón y el Záncara, continuaban siendo apenas ríos de luz, ríos de nadie y de la nada. Y al pasar bajo el abrazo desolado de sus puentes, parecían inventarse a sí mismos, entre secos arenales, como en busca de su perdida memoria de agua. Y el caprichoso Guadiana, príncipe antaño y hoy mendigo, viejo padre de ríos de los que sólo queda el nombre, quiso también ponerse en pie sobre su cauce, pero comprobó que ya tampoco le quedaba cauce sobre el que levantarse.

Impasible y pragmático, el texto de la consejera avanzaba entre sus cifras y sus fechas, entre sus asépticos datos y sus fríos tecnicismos, con esa frialdad que tienen los textos cuando no han sido amasados con el barro caliente de la tierra. Al final, en una insólita pirueta estilística, hacía una leve concesión a la metáfora:

«porque hoy sabemos que los humedales son los verdaderos riñones del planeta, que depuran las aguas y hacen posible la existencia de multitud de especies vegetales y animales, contribuyendo al mantenimiento de la biodiversidad, imprescindible para la conservación de la vida».

Pero en las Tablas de Daimiel continuaban ardiendo las turberas y en la Isla de las Cañas el suelo sediento exhalaba fumarolas con las que la tierra, convertida ya en un paisaje casi apocalíptico, parecía expresar, al mismo tiempo, su rabia, su desesperación y su agonía.

La consejera, impasible y pragmática, seguía enhebrando su discurso con esa rigidez formal y con esa risueña autocomplacencia que adquiere la prosa cuando no está arraigada en la realidad de la tierra, sino en la irrealidad de los despachos.

Pero el agua de La Mancha, como el cadáver vallejiano, ay, siguió muriendo...

145

LAS TABLAS DE DAIMIEL: AQUEL AÑO EN QUE ARDIERON LAS TURBERAS

Antes de entrar en el Parque Nacional de las Tablas de Daimiel, y antes de llegar al Puente Navarro, un cartel de la Confederación Hidrográfica del Guadiana, en letras mayúsculas sobre fondo amarillo, advierte: «Zona peligrosa: turberas con riesgo de autocombustión». Y al desorientado visitante, que tal vez llega con la ingenua ilusión de contemplar allí un paisaje idílico, le asalta la rara sensación de que va a entrar en un campo minado o en un extraño paisaje apocalíptico.

Lo que se observa, a la izquierda, sobre el charco desolado del río, son las obras del nuevo puente en construcción del Molino de Molemocho. Pero si mira a su derecha, el visitante comprenderá enseguida el significado del cartel: entre la fronda verde y dorada de los tarayes, que delatan en sus tonalidades la presencia del otoño, contempla unos terraplenes de color ceniza y unos restos de troncos quemados. Más al fondo, entre los pelados esqueletos de los árboles, que tienen la apariencia de un bosque carbonizado, una columna de humo asciende con lentitud perezosa: una humareda que proviene de las turbas ardientes.

No es un fenómeno nuevo, aunque la situación se agrava con el paso de los años, con la prolongación de las sequías y con la explotación imparable del acuífero. Ya hace años, en uno de sus libros más emblemáticos, *Añil*, el poeta daimieleño Miguel Galanes se hizo eco en el poema «Arden las turberas» de la amarga realidad de estos parajes, paradójicamente en estado de ignición como consecuencia de la inexorable desecación del humedal, una realidad de la que nadie parece hacerse responsable: «Humea esta tierra cenicienta / hasta ser niebla de polvo en la noche. / Humea esta escoria por la turba. / Un castillo que fue sobre el agua. / Humea esta tierra y lentamente, /

secos y ciegos, alarga los surcos, / las cuencas vacías de sus ojos / y nos empoza sin remedio alguno / en desiertos subterráneos. / ¿Quién responde de esta tierra?»

Nadie responde a la pregunta del poeta, como nadie responde tampoco a la llamada agónica de esta tierra que arde interiormente, en una torturante agonía, porque desde hace décadas viene siendo despojada del elemento que fue siempre su única razón de ser: el agua. Nadie responde, pero poco más arriba, silencioso y amenazador sobre una loma, el gigantesco artefacto de una máquina de riego, como un acueducto monstruoso y desafiante, responde a todas las preguntas con su sola presencia.

Tenazmente despojado de sus manantiales subterráneos, el suelo arde por dentro, se incendia cíclicamente en una de las más terribles paradojas que jamás se hayan oído: lo que una vez fue agua hoy es fuego. La acción incontrolada del hombre sobre el entorno ha alterado por aquí el equilibrio hasta el punto de transformar lo que fue una región pantanosa en una zona con riesgo de autocombustión. Privadas de su manto protector de agua, arden las escorias vegetales que, pacientemente, los siglos fueron sedimentando. Y estas fiebres internas de la tierra son una lacra que quizá las mezquinas y eventuales políticas de trasvases no lleguen a tiempo de solucionar.

Una vez dentro del Parque Nacional, el desorientado visitante elige uno cualquiera de los itinerarios que se abren ante él, el que ha de conducirle hasta la Isla del Pan, pero a lo largo de este paseo no encontrará más que una desolada ausencia. Porque a uno y otro lado se topa con un inmenso paisaje de carrizales donde los tarayes buscan sedientos la humedad que les falta. Y poco antes de llegar ante la Laguna de Aclimatación, se topa con otro cartel, mucho más lacónico que el anterior, que reza: «Se ruega silencio».

Tal vez el desconcertado visitante no piense que se trata de un ruego para no perturbar la tranquilidad de las aves cercanas, sino que se trata más bien de una invitación a participar en el silencio de un velatorio, pues se diría que este silencio tiene algo de funeral. Y confuso, sugestionado por esta quietud de muerte que le rodea, el paseante piensa que a esa frase sería oportuno añadirle una coletilla como la siguiente: «paisaje en vías de extinción».

La Laguna de Aclimatación es como un gran relicario rectangular que encierra aún, dentro de sus paredes, el prodigio secreto del agua. Desde lejos tiene un vago aspecto de barracón de madera, con sus paredes exteriores recubiertas de brezo; pero desde cerca, desde el observatorio aviar, aún puede contemplarse el milagro del agua, en una laguna donde las anátidas van y vienen trazando círculos alrededor de tres esplendorosos tarayes; pero esas aves, que en realidad se encuentran aisladas en una inmensa jaula, quizás imaginan un paraíso antiguo no acotado por las vallas que los aíslan del mundo exterior. De ahí que la laguna transmita la sensación de un estanque, aislado en medio de un mundo desértico que fue de agua y que hoy parece un barracón en mitad de la nada.

Pasadas la Isla de la Entradilla y la del Descanso, atravesando algún que otro charco sobre las pasarelas de madera, se ve una barca de pescadores pintada de verde intenso, una barquichuela varada entre masiegas y amarrada a una estaca, que parece recordar, nostálgicamente, que estos secarrales fueron en otro tiempo zonas vadeables, aguas pantanosas. Esa barca, anclada en el suelo, aparece ante nosotros como un canto a lo inútil, como un bello sarcasmo con su llamarada verde entre los amarillos y los ocres otoñales.

Desde el observatorio de la Isla del Pan, azotada por los vientos de poniente, se divisa una extensión de tierras grises y cenicientas, que se prolongan en una sequiza llanura hasta la Sierra de la Virgen. Serpenteando por una y otra parte, las pasarelas de madera son otro canto a lo inútil, como laberínticos caminos alzados sobre el vacío que parecen guiarnos hacia ninguna parte, haciendo aún más evidente la ausencia de las aguas. Aquí sólo existe ahora el espejismo de los rebosaderos del Cigüela y del Guadiana. Y aquí, ahora, sólo hay un mar de carrizos, eneas y masiegas, un reino vegetal donde se retuercen angustiosas las ramas de los tarayes.

Desde el mirador del observatorio se divisa en derredor un paisaje sin futuro y sin agua; allí un nuevo cartel, este con sello del Ministerio del Medio Ambiente, proclama: «El futuro de Las Tablas y del río Guadiana están unidos al uso racional y sostenible del agua subterránea del entorno. Sólo así será posible recuperar el acuífero 23, y conseguir que el Guadiana vuelva a inundar las Tablas devolviéndoles el esplendor del pasado».

Pero el caudal de los ríos y de los acuíferos no se alimenta con palabras. Más allá de los bienintencionados propósitos, se encuentra la devastadora realidad. Y del agua, por el momento, no se viene haciendo un uso racional ni sostenible. A lo largo de este tenebroso paseo, se obtiene la más clara evidencia de que, al contrario, el uso que viene haciéndose es más bien irracional e insostenible.

La Isla del Pan no es hoy un mirador alzado sobre las aguas, pero en otro tiempo debió elevarse con cierta altivez sobre estos terrenos inundados, y en su bosque de tarayes la savia se mezclaría con el orgullo de ser la más caprichosa formación vegetal de toda La Mancha. En la Isla del Pan o en la Isla de los Tarayes, estos singulares árboles forman un laberinto de recios troncos, de enramadas caprichosas que buscan la horizontalidad, el suelo o la altura, como explorando todas las direcciones posibles de la sed. Sus ramas inventan pasarelas, se alargan en formas retorcidas, se curvan en líneas de geometrías imposibles, se estiran en escorzos convulsos. El taray es un árbol mágico que tal vez debe su extraña apariencia a las aguas mágicas del Guadiana, de las que en otro tiempo se nutrió. Por eso sus troncos tienen vocación de raíz y de rama al mismo tiempo, por eso el bosque de los tarayes parece un mundo irreal de la Botánica dentro de otro espacio no menos irreal donde ya el agua desapareció. Frente a la majestad serena y ascendente de los álamos que crecen a orillas de los ríos, el taray es un árbol atormentado, de gestos tortuosos, de escorzos agónicos, único rey de estos dominios cuyo imperio ahora es el de la nada.

Las Tablas son hoy una sucesión de montículos alzados sobre el vacío, como un triste archipiélago que sueña con la caricia del agua en sus orillas: Isla de la Entradilla, Isla del Descanso, Isla del Pan, Isla de los Tarayes, Isla del Maturro... Islas que ya han perdido su función, pero aún asoman sobre un mar ilusorio de carrizales, de eneas y masiegas. Islas levantadas en medio de una marea algodonosa de carrizos movidos por el viento que, en un súbito espejismo, producen desde lejos el efecto de un oleaje de colores ocres y gastados. De cuando en cuando, en formaciones irregulares, se ven cruzar por el cielo de noviembre unas aves desorientadas que, desde arriba, tal vez se dejan engañar por la ilusión de ese mar en movimiento.

Sólo pasada la Isla del Maturro, en la Laguna Permanente se hace visible el milagro, y los charcos a uno y otro lado le devuelven al parque una imagen aproximada de lo que pudo ser su antiguo esplendor. Entre isletas de carrizos, el agua inventa cauces laberínticos y la corriente parece avanzar rizada por los aires de poniente. Sólo aquí el agua permanece como testimonio y reliquia de lo que fue.

Un majano, al final del recorrido, anuncia con sus piedras circulares que la naturaleza resiste. Parece un torreón desmochado, símbolo de una derrota en cuya sólida base grita la esperanza de una naturaleza que se niega a desaparecer, a pesar del expolio al que durante décadas viene siendo sometida.

Desde aquí, junto a este majano que se levanta como un símbolo de todas las derrotas, se escucha el ruido subterráneo del agua, su canción rota y antigua, su acento de elegía. Hasta aquí llegan la herida de los pozos, el gran socavón de las perforadoras, la herida irrestañable de las entrañas esquilmadas de la tierra, el lamento de un suelo que fue un paraíso de líquidas cavernas interiores y ahora es un báratro ciego. Hasta aquí llega el humo de las turbas ardientes, la crepitación de la escoria que arde como lava viva.

Al terminar el recorrido, el paseante tiene una inexplicable sensación de vacío. Y tal vez echa de menos un cartel donde se lea, con la rotundidad y el laconismo de un epitafio: «Aquí fue el agua».

UNA VEZ MÁS, EL SUEÑO DE
LAS AGUAS DESBORDADAS

Hace ya más de tres lustros, pudimos pronunciar en La Mancha aquel verso de César Vallejo: «Hoy llueve como nunca...», porque llovió como no suele llover por estas tierras y, como si se tratara de un espejismo, pudimos ver cumplido el sueño de las aguas desbordadas. Vimos en Puebla de Don Rodrigo, rebosantes, los meandros del Guadiana y el embalse del Jabalón espejeando entre los cerros oretanos; vimos inundarse los arenales del Cigüela y su caudal cubriendo los cuarenta ojos del inmenso puente romano de Villarta. Incluso estuvimos a punto de ver parpadear los ojos azulados de un río que a veces, según cuentan, se asomaba para ver los hermosos paisajes de Villarrubia.

Pero aquel, como todos los sueños hermosos, no duró demasiado y la sequía plantó de nuevo sus tiendas en estos campos que siempre fueron de batalla contra los elementos. Y los ríos manchegos, el Córcoles, el Cigüela, el Záncara, el Azuer, el Jabalón, el Tirteafuera..., más allá de sus nombres exóticos y sonoros, dejaron de ser nombres de ríos o de afluentes, para convertirse en sinónimos puros de la palabra estiaje, rutas diferentes de la sequía, formas horizontales de la sed.

«Si lloviera...», clamaba en uno de sus versos el poeta piedrabuenero Nicolás del Hierro, expresando un recurrente deseo colectivo; y como para materializar ese deseo, una vez más, ocurrió. Tres lustros después pudimos revivir de nuevo *el sueño de las aguas desbordadas*.

Con la errática puntualidad que caracteriza a los ciclos naturales, el agua se desató nuevamente sobre estas tierras y volvimos a ser testigos del milagro. Un milagro que llegó en marzo, al borde casi de la primavera, y que fue bautizado con dos nombres propios, como si así las borrascas, humanizadas de algún modo, fueran a apiadarse mejor de estos sedientos campos por donde los ríos se habían olvidado ya de fluir.

Primero fue una borrasca a la que llamaron Mónica y poco después otra a la que pusieron el nombre más exótico de Nelson, y que vino a coincidir, por desgracia para muchos turistas y muchas cofradías, con la Semana Santa. Pero los temporales, ajenos al fervor o al bullicio de las celebraciones, abrieron torrencialmente sus compuertas y nos hicieron creer que por aquí también era posible almacenar en hectómetros cúbicos la alegría.

Una vez más, al igual que había ocurrido años atrás, el milagro se hizo agua y pudimos contemplar, con gozo y perplejidad al mismo tiempo, una naturaleza indómita que no parecía dispuesta a respetar procesiones, pero tampoco márgenes ni cauces; una naturaleza empeñada en aguar unas fiestas que, por lo general, suelen ser menos propensas al agua que a la cerveza y al vino.

Y así, mientras los penitentes sacaban sus túnicas de los armarios o adornaban de flores las carrozas de sus vírgenes, vimos fluir toda una red arterial de regatos, cañadas, arroyos y riachuelos, la mayoría ni siquiera registrados en los mapas, que reclamaban atención y respeto, y que de pronto no sólo ocupaban espacio en los informativos sino que, sobre todo, habían decidido ocupar unos espacios físicos que les pertenecían. Y una tupida red de ríos más o menos modestos, como el Estena, el Alcobillas a su paso por Aldea de las Tablillas, o el San Marcos en Arroba de los Montes, comenzaron a recuperar su identidad y a rebelarse contra el olvido al que se habían visto sometidos durante años.

Y pudimos ver al Jabalón rebosando por el puente de San Miguel en Valdepeñas, al Tirteafuera recuperando cierta musculatura fluvial en Abenójar o en Argamasilla, y vimos sobre todo al Bullaque entonando un apoteósico canto de cisne poco antes de fundirse con el Guadiana. Las aguas del Bullaque, bien nutridas por una leal cohorte de arroyos como el Valdelamadera y el Bullaquejo, rebosaron por los alrededores de la Tabla de la Yedra en Piedrabuena, y anegaron no sólo las pasarelas de acceso para los bañistas, sino también algunos merenderos e incluso el parking de vehículos. Y poco más allá de los arcos del monumental puente de Luciana, vimos las pasarelas de piedra cubiertas de agua y, ante la junta, con un Guadiana que bajaba inusualmente crecido, el Bullaque cruzaba indiferente y casi altanero, como negándose a diluirse en otro río o negándose a perder su identidad y su nombre.

Después de tantos años de sequía, ríos, arroyos y cañadas volvieron a encontrar su cauce y decidieron romper todos los diques, todos los obstáculos que los hombres se empeñan en ponerle a la naturaleza. Y mientras las bandas de cornetas y tambores preparaban su mejor repertorio para el Viernes Santo, las nubes afinaron sus mejores instrumentos antes de estallar en un memorable concierto durante el cual llovió con saña, casi vengativamente. Y las aguas, que no estaban acostumbradas a discurrir por estos campos, provocaron embalsamientos e inundaciones, cortaron carreteras, causaron desprendimientos de taludes, incluso algún arroyuelo se rebeló en Guadalmez y provocó cortes en la línea ferroviaria entre Ciudad Real y Badajoz...

Muchos contemplábamos aquel espectáculo con más fascinación que inquietud y, como si se tratara de una sucesión de imágenes alucinatorias, comprobamos que en Peralbillo se ensanchaban las aguas del embalse, recuperaban su utilidad los observatorios aviares, el Puente Nolaya quedaba casi anegado, y el Guadiana fluía de nuevo, con una antigua gallardía, bajo el armazón metálico de su viejo y oxidado Puente de Hierro. El padre de todos nuestros ríos, siempre tan mágico e imprevisible, además de pavonearse por los alrededores de Peralbillo, se permitió algún que otro capricho exhibicionista y, a su paso por Puebla de Don Rodrigo, llegó a alcanzar un caudal de más de 440 metros cúbicos por segundo, en una histórica crecida que fue la mayor registrada en ese punto por la Confederación Hidrográfica del Guadiana. Varios días después de tan insólito suceso, el río de los prodigios aún discurría por allí con una corriente limpia, sobrecogedoramente rápida, serena y silenciosa.

Y en medio de ese lujurioso éxtasis fluvial, vimos a algunos de sus afluentes, como el Bañuelos, creciendo hasta poner en grave riesgo de inundaciones a todo el pueblo de Fernán Caballero; también vimos que el Becea, con delirios de río grande, obligaba a desembalsar al pantano de Gasset, cuyas seis compuertas tuvieron que abrirse por razones de seguridad. Vimos arroyos desbordados como el Cambrón a su paso por Malagón, y otros más fanfarrones como el Sequillo de Calzada, que no llegó a desbordarse aunque su corriente se enturbió con ese amenazador color de barro de las inundaciones. Y en una imagen impropia de estos campos, vimos caer lluvias casi diluviales en pueblos como Fuencaliente o Puebla de Don Rodrigo, donde se registraron más de cien litros por metro cuadrado.

Además de las inusitadas estampas del Gasset o El Vicario, pudimos contemplar otros pantanos sorbiendo hectómetros cúbicos con ansia pantagruélica. Algunos llevaban mucho tiempo convertidos en secarrales, como el del Fresnedas, el de La Cabezuela o el del Jabalón. El primero de ellos se vio obligado a desembalsar, pero el hermano pobre de la familia, el de la Vega del Jabalón, apenas registró crecida alguna en su caudal y tuvo que conformarse con mirar con envidia a sus hermanos mayores como el de Peñarroya, el Montoro o la Torre de Abraham, que almacenaron agua con avaricia, a sabiendas de que son mucho más largos los ciclos secos que los húmedos.

Varios días después de la última borrasca, cuando abril del año 2024 comenzaba a vestirse con sus mejores galas primaverales, el Guadiana y el Bullaque seguían fluyendo anchos, rápidos y generosos a su paso por Piedrabuena, Luciana y Puebla de Don Rodrigo, camino de los puentes romanos de Mérida y Badajoz… En algunos lugares, varias jornadas después de aquella orgía pluvial, aún corría el agua por las cunetas, y los taludes de las carreteras secundarias o las cárcavas de los terraplenes seguían rezumando hebras de agua. Las charcas, a modo de lagunillas, inundaban los sembrados, y algunos tramos permanecían encharcados como arrozales. A ambos lados de la carretera N-430 se abría un lujurioso espectáculo cromático de verdes intensos y húmedos, contrapunteados por los blancos de la jara, los amarillos de la retama, los violetas de la lavanda y los rojos de las primeras amapolas.

Algunas lagunas estacionales, después de su larga hibernación, comenzaron a despertar y a abrir sus ojos líquidos, tal el caso de la laguna volcánica La Inesperada, en Pozuelo de Calatrava, cuyas aguas salinas propiciaron la llegada de una amplia colonia de flamencos rosas, un color exótico y muy inusual por estas latitudes.

Antiguamente los pueblos hacían rogativas sacando en procesión a los santos para pedir la lluvia, pero durante aquella Semana Santa la gente miraba al cielo para pedir que dejase de llover. Sin embargo, las nubes no obedecieron porque son ingobernables y no se rigen por nuestros calendarios festivos. A lo largo de las diversas rutas de la Pasión Calatrava llovió apasionadamente y, al menos por una vez, no cayeron pétalos de rosas sobre los palios de las vírgenes, sino hectómetros cúbicos de agua sin bendecir, que era mucho más necesaria.

Los cofrades y demás autoridades militares, civiles y religiosas, se quedaron sin lucir sus mejores galas, impotentes ante una autoridad muy superior, la de naturaleza, que no entiende de fe ni de misericordia. Por una vez no fueron los armaos, ni las bandas de trompetas y tambores, ni las procesiones, los protagonistas de la Semana Santa. Fue la lluvia, con su cortejo de regueras, arroyos y ríos desbordados, con sus calles encharcadas y sus embalses rebosantes, que por fin saciaron una sed que ya duraba demasiados años.

Pese a la abundancia de las lluvias caídas, varios días después del temporal espacios tan emblemáticos como las Lagunas de Ruidera no habían registrado un aumento visible en el caudal de sus aguas. La Lengua, la Redondilla y la Blanca continuaban tan secas como antes. Y eso, según dijeron los expertos, se debía a las peculiaridades de las Lagunas, que no se nutren directamente de las precipitaciones, sino de las aguas del subsuelo, y las lluvias recientes no se habían infiltrado aún en el acuífero.

Por su parte, un río tan de la llanura manchega como el Cigüela, sumido en un casi eterno estiaje, había comenzado a llevar agua a su paso por Villarta y Arenas de San Juan, aunque su aporte a las Tablas de Daimiel seguía siendo demasiado escaso, de manera que el humedal seguía tan depauperado como de costumbre, y apenas tenía encharcadas una cuarta parte de sus 1.750 hectáreas inundables. Un mes después, a primeros de mayo, el Cigüela, milagrosamente, aún seguía expandiéndose por la Isla de Algeciras, y el humedal había sumado otras doscientas hectáreas a las ya inundadas, que eran más de cuatrocientas.

Una buena noticia, sin duda, que la prensa recibió tal vez con desmedido optimismo y con algún titular sensacionalista: «Las tablas salen de la UCI», proclamaba por esas fechas el Semanario de *Lanza*, que a continuación resumía la situación del siguiente modo: «El parque revive esta primavera con los aportes del río Cigüela, el bombeo de agua subterránea y la recuperación de las plantas subacuáticas en la Isla del Pan, que atraen a las especies de patos más amenazadas, malvasías, porrón pardo y cercetas. Es el enésimo resurgir de un humedal que vuelve a asombrar por su capacidad de resiliencia».

Sin embargo, según los expertos, esa era una visión demasiado risueña o esperanzadora, porque pese al momentáneo resurgimiento, la herida del acuífero 23 continuaba abierta y seguía siendo muy profunda; tan profunda como los pozos que perforaban la tierra a lo largo de toda La Mancha. Y esa era una herida que no podían curar, por muy generosas que fuesen, las lluvias estacionales.

REFLEXIONES TRAS EL DILUVIO

Una de las mejores estampas que nos trajeron las lluvias primaverales fue la posibilidad de contemplar el Guadiana, en algunos de sus tramos, reviviendo y mostrándose tan exultante como en otros tiempos. Después de haberlo visto como un arañazo calcinado cubierto de eneas, junqueras y carrizos, pudimos admirar su inesperado pavoneo bajo el antiguo Puente de Hierro próximo a Peralbillo.

Desde allí, la oxidada estructura metálica por donde circuló la vía férrea quizás sentía nostalgia de otros días al ver cruzar muy cerca, frente a él, los vagones del AVE. Pero tras el diluvio, su nostalgia quedó mitigada al verse reflejado, después de tantos años, en las aguas del río. Una inexplicable emoción podía sentirse al ver a ese Guadiana rejuvenecido y poderoso alargándose hacia Carrión como si, transgrediendo las leyes de su curso natural, quisiera avanzar hacia el este para envolver a pocos kilómetros de allí a Calatrava la Vieja y convertirse, como antaño, en un foso natural del castillo.

Muchos fueron los que acudieron a ver y fotografiar el espectáculo, y algunos incluso dejaron constancia escrita del histórico suceso. Entre estos últimos, José Luis Loarce le dedicó un apasionado artículo donde condensaba casi poéticamente sus reflexiones:

«Qué trama de hierro dibuja este puente sobre azules tan limpios. La misma geometría metálica de la línea férrea que en otro tiempo nos permitía salvar el cauce de un río que no quiso nunca acercarse a mi ciudad; porque los ríos manchegos —esquivos y ariscos en esos estancamientos y terreras— no quieren saber nada de las poblaciones vecinas».

Poco más allá, al otro lado de Peralbillo, el río remansándose y nutriendo al embalse de El Vicario era otra de las estampas milagrosas que las lluvias trajeron consigo. El pantano llevaba años convertido en un secarral, con sus observatorios aviares asomados al vacío, como ventanas inútiles que daban a un abismo de muerte, broza y cenagales. Y de pronto, hacia mediados de abril, igual que sus aguas se llenaron de aves acuáticas, sus caminos se llenaron de paseantes que iban y venían a escuchar el grito del agua, que es el grito gozoso de la vida.

Y otro tanto ocurrió en la Tabla de la Yedra y algo más abajo, en la junta de Luciana, donde el Bullaque entregaba, con generosa gallardía, sus aguas al Guadiana. Menos concurrido de turistas, pero no menos caudaloso y digno de admiración, bajaba el río a su paso por Puebla de Don Rodrigo, en una estampa que evocaba aquellas «corrientes aguas, puras, cristalinas» de la primera égloga de Garcilaso.

Imágenes, todas ellas, completamente insólitas en estas tierras, y que por desacostumbradas no pueden dejar de causarnos un no sé qué de emoción, algo muy parecido al sentimiento de la belleza. Pero no se trata de una belleza estática, aislada del paso del tiempo, como tampoco puede aislarse la explosión de la primavera en los campos tachonados de florecillas multicolores sobre un tapiz verde intenso. Su carácter efímero es lo que proporciona belleza, incluso cierto dramatismo, a esas que Jorge Manrique denominó «verduras de las eras», que con los soles de mayo y junio comenzarían a transformarse en amarillos calcinados. Y la de un río fluyendo (sobre todo si ese río es el Guadiana) es una belleza captada en su transcurso, es decir, captada en su más esencial fragilidad, pues las cosas resultan tanto más bellas cuanto más efímeras.

Lo que produce cierta emoción dramática es saber que esas limpias y anchurosas corrientes que vimos por Luciana o por Puebla de Don Rodrigo estaban condenadas a la fugacidad. Porque ¿quién mirando esos cauces no se preguntó cuánto durarían? ¿Quién no deseó hacer perdurable aquella visión, retenerla no sólo en la memoria, sino también entre sus dos orillas? Sabiendo que habían transcurrido unos quince años desde que la naturaleza nos hizo un regalo parecido, ¿quién no se preguntó cuántos años más habrían de pasar hasta que los ríos volvieran otra vez a desbordarse? La estampa de los ríos fluyendo, o de los embalses ensanchándose, no deja de ser un espectáculo bello por sí mismo, pero agónicamente bello, por hallarse sometido al efecto de la duración. Como proclamaban aquellos paradójicos versos de Quevedo

> «huyó lo que era firme y solamente
> lo fugitivo permanece y dura».

Estos paisajes querrían haber retenido aquellas aguas, esculpirlas bajo el Puente de Hierro como una sólida estela azul turquesa, engastarlas entre las junqueras de una y otra orilla. Pero ya lo dijo Heráclito, no es posible bañarse dos veces en la misma corriente. Salvo cuando los diques contravienen esa ley física, la naturaleza del agua es fluir. Y ahí es donde debemos asociar la manriqueña metáfora del río a la idea de la fugacidad. Pura imagen del tiempo irreversible, siempre en continuo transcurso hacia la disolución.

Ese río que ayer fue un secarral, se convirtió en la imagen de un presente en plenitud, al que volvió la vida de nuevo; pero la emoción de belleza que nos transmitió provenía de su propia fragilidad, provenía de la dramática sospecha de que estábamos mirándonos a nosotros mismos frente al espejo del tiempo; provenía de la certeza de que estábamos contemplando la esencia de lo fugitivo, en ese afán de retener entre las manos, como Tántalo, algo que se nos escapa...

EL VINO: EXALTACIÓN Y HOMENAJE

«Ah, la guitarra, el vino,
ah, cuántas cuerdas hay para olvidar».

CARLOS SAHAGÚN

DECÁLOGO INCOMPLETO PARA RECORRER SIN PRISA LA LLANURA

Diez ríos tiene la provincia, diez ríos que saben poco del agua y mucho de la sed: el iluso Jabalón, río que tiene delirios de grandeza y sueña con apagar algún día el fuego dormido de los volcanes del Campo de Calatrava. El distraído Cigüela, el mágico Záncara y el fantasioso Azuer, tres cauces olvidadizos que van inventando puentes imposibles por la calcinada llanura manchega. Hacia el oeste, el poderoso Bullaque, río narcisista y hermano mayor de esta familia fluvial, que a veces se pavonea en anchurosas tablas coronado de nenúfares. El humilde Tirteafuera, con sus aguas manchadas por el brillo oscuro de las minas. Más hacia el sur, el indómito Cereceda, en cuyas páginas de cristal se reflejan los misteriosos signos prehistóricos de Peña Escrita. El Ojailén y el Fresnedas, ríos agrestes que decidieron darle la espalda a la llanura y mirar hacia el Guadalquivir. Y, por encima de todos, el viejo padre Guadiana, que tan pronto se hace trapecista en Ruidera como se remansa en tablas y anchos meandros, o juega al escondite porque es un río caprichoso, imprevisible y prestidigitador.

Pero ninguno de esos ríos tiene un cauce tan ancho y generoso como el gran río de mosto que discurre entre Tomelloso y Valdepeñas: una corriente a la que se unen numerosos afluentes desde Socuéllamos, desde el Campo de Calatrava o desde Retuerta del Bullaque. Una gigantesca avenida flanqueada de viñedos, un inmenso cauce de cepas y de viñas nobles, río blanco y rojo del vino, la arteria más fecunda del corazón de La Mancha.

Nueve castillos tiene la provincia, que son como nueve peanas de piedra entre cuyas ruinas pueden aún verse reflejados los destellos de nuestra historia más gloriosa: Calatrava la Vieja, la perla omeya de la llanura, que en otros tiempos tuvo como foso natural el Guadiana; Calatrava la Nueva, la altiva dama cisterciense que, desde su triple plataforma rocosa, se asoma cada tarde al vuelo de los pájaros. Salvatierra, el centinela olvidado, el antiguo guerrero vencido por el paso del tiempo y las batallas; Alarcos, cerro maldito, donde quedó marcado con sangre un siniestro calendario de derrotas. Miraflores, que se yergue con altivez como si quisiera ver reflejadas sus murallas en la Tabla de la Yedra. Montizón, por cuyos caminos de ronda aprendió Jorge Manrique a escuchar el ruido de la guerra mezclado con la canción efímera del tiempo y de las cosas. Alhambra, que se levanta con una extraña cualidad levitante sobre las tierras rojas del Campo de Montiel. El castillo de la Estrella, derramándose fantasmal, amenazadoramente, sobre el pueblo de Montiel con todo el peso de su historia y sus leyendas. Y Peñarroya, llave del agua, puerta de las lagunas, guardián de color verde esmeralda que vigila y condensa la memoria del olvidadizo Guadiana.

Pero más allá de todos ellos, hay un castillo imaginario cuyos cimientos no se asientan sobre la piedra sino sobre la levedad de los racimos: una fortaleza cuyos únicos torreones son las chimeneas de las fábricas alcoholeras; sus murallas están alzadas con los toneles de las viejas bodegas, y sus frágiles almenas están forjadas con el vidrio de las botellas y las copas. El foso natural de ese castillo es un laberinto de cuevas subterráneas donde fermenta el mosto, y en su imaginaria torre del homenaje ondea una bandera con tres colores que son los del rosado, el blanco y el tinto.

Ocho caprichos vegetales tiene la provincia. Ocho chorros de savia, que son como otros tantos emblemas heráldicos de nuestra identidad. El olivo, que convierte la llanura en una sucesión geométrica de lienzos puntillistas; la higuera, bajo cuya sombra crecimos en los patios y desde cuyas ramas maternales comenzamos a asomarnos al mundo. Las encinas, que entonan su balada pastoril por los montes y por los pastizales del Valle de Alcudia; los tarayes, que retuercen angustiadamente sus ramas en los humedales de las Tablas; las cardenchas, que alzan su rústica gallardía por

166

los secarrales de las cunetas; la jara, que cubre de nieves aromáticas las laderas de unos parajes cansados ya de ser llanura. Y el trigo, blondas doradas que los aires ardientes de junio hacen ondear bajo los soles manchegos.

Sin embargo, no hay una savia más fecunda que la que fluye por el interior de los sarmientos; no hay en La Mancha raíces más poderosas que las de las vides, ni hay verde más esperanzado que el de las pámpanas cuando despliegan por septiembre sus promesas de vendimia.

Siete pantanos tiene esta tierra, que son como siete frágiles vasijas para guardar la memoria del agua. Siete jaulas de cristal para la lluvia, ese elemento esquizofrénico que por estos pagos se mueve, cíclicamente, entre las más violentas inundaciones y las más devastadoras sequías. Al oeste, la titánica presa de Abraham, con su torre vigía, espejo donde se refleja majestuoso el Bullaque. En el centro del Campo de Calatrava, el embalse del Jabalón, que ensancha sus aguas entre necrópolis visigodas, lavas milenarias y reliquias arqueológicas de la antigua Oretania. El de Peñarroya, donde el travieso Guadiana se remansa, por fin, tras haber dejado su prodigiosa estela lacustre en Ruidera. O los de Gasset y el Vicario, los de Montoro y Fresnedas, cuatro relicarios que a menudo almacenan más hectómetros cúbicos de esperanza que de agua, pero que a veces, cuando el tiempo viene borrascoso, rebosan y desembalsan: dos palabras mágicas con las que sueñan cada primavera.

Pero de entre todos esos pantanos hay uno, el del vino, que no conoce estiajes, porque contiene un millón de hectáreas de viñedos, de las que una quinta parte están inscritas en la Denominación de Origen. Un millón de hectáreas vinícolas con una densidad de entre 1.500 a 2.000 cepas por hectárea. Este descomunal embalse de alcohol y de mosto convierte a La Mancha en una gigantesca destilería que produce más de un millón y medio de hectólitros anuales, e incluye a casi 200 pueblos en el consejo regulador, a más de 300 bodegas embotelladoras y a una interminable red de cooperativas.

Seis columnas tiene La Mancha, que son como sólidos pilares sobre los que se sustenta nuestra más genuina arquitectura paisajística. Una columna es de aire y está cimentada sobre la cal cilíndrica de los molinos, sobre el vértigo giratorio de sus aspas. Otra columna es de fuego, un fuego que ya se apagó, aunque sigue guardando calor de magma y recuerdos de lava bajo los conos volcánicos del Campo de Calatrava. Otra columna, la más frágil de todas, es de agua y está forjada con el vidrio leve de los arroyos, los ríos y los humedales. Otra columna es de piedra y, desde la cumbre de los más altos cerros, nos habla con la recia voz de las almenas, que es la voz del tiempo y de la historia. Y la sexta, forjada con la materia de los sueños y las ficciones, es una columna que no guarda relación con la arquitectura del espacio, sino más bien con la arquitectura del alma, ahí donde se alberga la más lúcida forma de locura, la del buen hidalgo que nos enseñó a luchar contra los malandrines o a creer en los más nobles ideales.

Pero no hay columnas más altas que las de las chimeneas de las bodegas, que antaño se elevaban con gallardía sobre otras columnas de barro, bastante más chatas y panzudas: las antiguas tinajas. Sus corazones palpitantes y sus rechonchos vientres han sido cantados a menudo por nuestros poetas, y fue Juan Alcaide (en su «Soneto del bebedor a la tinaja») quien la denominó «bóveda vertical, panza desnuda / guillotinada y manca Dulcinea,/ de barro y no de nácar, grande y ruda / caracola sin mar, mas con marea».

Cinco colores esenciales tiene La Mancha, que son signos cromáticos de nuestra identidad: el blanco, que es la tonalidad luminosa de la cal y el color cereal de la harina; el añil de los zócalos, que es también el color intenso del cielo en algunos anocheceres; los dorados de los campos de espigas y el amarillo febril de los rastrojos, que ni siquiera Van Gogh habría podido imaginar en sus más visionarias pesadillas. El azul ascético del cielo y los azules limpios del agua, que se vuelven irisados en las lagunas; y el rojo sangrante de los crepúsculos, que es también el rojo de los campos de amapolas, el rojo del azafrán y el rojo de la Cruz de Calatrava.

Pero por encima de todos ellos hay un color dominante: el verde de los viñedos, que contrasta con los ocres y los dorados estivales. Un verde con vocación de oasis, verde fecundo de la tierra que renace en medio de los rastrojos y los paisajes calcinados. El verde nuevo de la savia nueva que se vuelve sólida para estallar, allá por septiembre, en la lujuriosa redondez de los racimos.

Cuatro dioses tendría La Mancha si hubiera sido pagana. Los hados de la tradición judeocristiana no lo permitieron y, en consecuencia, perdimos varias divinidades que encajaban con la idiosincrasia de nuestra región. La primera de tales divinidades sería la griega Artemisa (Diana para los romanos), diosa de la caza y patrona de los cazadores, diosa también de la vegetación y la fecundidad. Armada con su carcaj y sus flechas, a Artemisa la veríamos vagando a la intemperie por los montes y las sierras, por Cabañeros, por Sierra Madrona y tantos otros templos naturales que forman parte de un culto mucho más antiguo que el de las religiones: el culto del amor a la tierra. La segunda divinidad sería Ceres, diosa de la agricultura, con sus manos llenas de pan y su pelo rubio de trigo, que estaría rodeada en septiembre por una cohorte de vendimiadoras; y en invierno, al pasearse por entre los olivares, tendría también atributos de la aceitunera Atenea.

En ese altar pagano habría igualmente un hueco para Eolo, dios de los vientos, encargado de mover las aspas de los molinos, imagen quijotesca que convierte a La Mancha en un reino de la aventura y el espejismo, patria donde se vuelve humana la estatura de los héroes y donde se vuelve casi razonable la locura. Junto a Eolo, compartiendo su trono, estaría Neptuno, dios de las fuentes y de las aguas corrientes, con su cohorte de ninfas, náyades y dríadas y otras criaturas fabulosas. Pero como La Mancha es tierra más bien de secano, los dominios de Neptuno se reducirían a unas cuantas charcas, tablas y lagunas surgidas como por ensalmo en mitad de los secarrales.

Sin embargo, en ese retablo de divinidades tendría un lugar privilegiado la imagen de Baco, también llamado Líber o Dionisos, dios del vino para griegos y romanos, con su cortejo de bacantes y su frente ceñida de pámpanos. Esta sería la deidad superior por estos lares, la más venerada, la más poderosa; seguramente llevaría una botella o una copa en su mano, y no sólo se le rendiría saludable culto en las cuevas, en las cooperativas o en las bodegas, sino también (y sobre todo) en los bares.

Tres minerales hicieron necesaria a esta tierra: el carbón, la plata y el cinabrio. De las entrañas generosas de estos suelos se alimentó en Sisapo (La Bienvenida) la grandeza de Roma. El carbón de Puertollano o los filones muertos de tantas minas abandonadas, son un buen testimonio de ello: San Quintín, Villazaide, La Victoria, El Horcajo... Paisajes ruinosos y campos esquilmados, poblados desaparecidos, laberintos de galerías subterráneas por donde ya no suena la voz de los entibadores, ni se oye el ruido melancólico de los viejos trenes mineros. En los suelos o en los cielos de la llanura ya no puede contemplarse el brillo de la hulla o de la galena argentífera; y sólo hacia el oeste, en los atardeceres de Almadén, el cielo sigue todavía tiñéndose con los destellos rojizos del cinabrio.

Pero la mayoría de las minas fueron clausuradas. Hoy el desarrollo de estos pueblos no se sustenta sobre aquellos minerales, sino sobre tres perlas que poseen el brillo ambarino y la redondez de la uva. Esas tres perlas que hoy hacen grande a La Mancha provienen también de la tierra y llegan hasta nosotros a través de las nobles artes de la vendimia y el alambique. Tres perlas que son prodigio de la pedrería vegetal y que llevan los nombres de airén, cencibel y garnacha, aunque podrían llevar también los de syrah, tempranillo o macabeo: seis formas sólidas del vino que se doran pacientemente al sol de la llanura.

Dos orillas. Son dos orillas las que tiene La Mancha a uno y otro lado del gran río del vino. Más al norte, la joven y pujante Tomelloso, alzada sobre el esfuerzo y la tenacidad de sus gentes. Pueblo sin trenes ni blasones, aunque fue capaz de levantar casi de la nada un gigantesco imperio alcoholero, sus calles son una rugiente marea subterránea de vino, y su subsuelo un laberinto de cuevas. Más al sur, en la otra orilla, la vieja y señorial Valdepeñas, cuya memoria arqueológica se remonta tres milenios hasta el poblado ibérico del Cerro de Las Cabezas. En el centro de todos los caminos, bajo la inmensa sábana verde de sus viñedos, alta de jaraíces y cercaos, de chilancos y empotros, empedrada de bodegas y museos, Valdepeñas es un pueblo donde la arquitectura parece cristalizar en una vaga emanación del alma, una emanación que se vuelve simiente para fecundar la tierra y se hace líquida para derramarse en las copas.

Y entre esas dos orillas, el mar. El mar soñado e imposible de La Mancha. Un mar verde de viñas, Mediterráneo de pámpanas, *mare nostrum* del vino. Fue Homero quien llamó al mar *vinosa llanura*, y es aquí donde ese epíteto se vuelve más apropiado, porque esta comarca es, ciertamente, la llanura del vino, una infinita extensión donde las bodegas son como barcos varados y los viñedos parecen ir a la deriva, porque «en las llanuras manchegas hay espejismos como en el desierto», según dejó escrito Francisco García Pavón en *El rapto de las Sabinas*.

Sin embargo, más allá de la imagen distorsionada que pueden ofrecer los espejismos, hay una Mancha real que se define en el sacrificio y el esfuerzo, una Mancha de claroscuros, de sueños incumplidos. Bien es cierto que en las últimas décadas algunos de esos sueños han ido cumpliéndose y estos cielos se han vuelto más luminosos bajo el impulso del progreso, pero hace medio siglo, en *Los pueblos y las sombras* (1972), Álvaro Ruibal ofrecía una visión muy diferente de la tierra:

> «La Mancha, aun en plena vendimia, es un país sumergido en la preocupación, que se bate tesonera contra la pobreza. Dicen que nunca ha sido tan rica como lo es en estos tiempos. En pocos años las plantaciones se han multiplicado, los vinos se venden, pero tardará en llegar la seguridad y el bienestar. Los vendimiadores visten ajados vestuarios y conllevan una resinación antigua. Quien se acerque a La Mancha y se empeñe en buscar esa alegría báquica, que

seguramente se produce en la áreas vinícolas europeas e incluso nacionales, aprehenderá un rotundo fracaso. No se canta, no se danza, no se trasiega honesta y gozosamente. Se labora en silencio, chapuzada la gente en una agria suspicacia. Han huido la risa y el humor, la algarabía y el jolgorio. Es éste un pueblo rendido, que pena siglos y siglos de explotación, usura, hipocresía y emigración».

Tierra pobre y tradicionalmente explotada, tuvo que venir Cervantes para redimir a La Mancha, convirtiéndola en patria de la quimera. He aquí otra de las grandes paradojas de esta tierra. Fueron los delirios de un loco, de un personaje de ficción, los que universalizaron a La Mancha, que por otra parte supo explotar muy bien el territorio cervantino de la farsa, y lo ha asumido como un signo de su propia identidad regional.

De igual manera, sólo en una tierra tan paradójicamente quijotesca y tan propensa al espejismo, podía haberse hecho realidad la metáfora homérica del *vinoso ponto*, el mar del vino. Sólo esta patria chica, de tan escasas aguas, podía transformarse milagrosamente en una patria grande, la más grande, del vino.

VINO, LITERATURA Y *TETRABRIK*

Son innumerables en la literatura universal las referencias al vino y en multitud de casos se han ponderado sus propiedades terapéuticas. El filósofo Séneca, como buen estoico, había aconsejado moderación al ingerirlo y, subrayando su poder curativo, aseguró que «como el vino cura algunas enfermedades, así también cura la tristeza».

En el *Libro de Buen Amor* el dios Amor aconseja al arcipreste que tenga buenas costumbres, «sobre todo que se guarde de beber vino, blanco e tinto». Juan Ruiz, desde su equívoca actitud al mismo tiempo goliárdica y moralista, tras una larga enumeración en que el Amor advierte al arcipreste sobre los riesgos del beber de más, acaba concluyendo que:

«es el vino muy bueno en su mesma natura,
muchas bondades tiene tomado con mesura».

Pero pocos elogios al vino encontramos, tan enardecidos y rotundos, como el que Fernando de Rojas pone en boca de Celestina en el acto noveno de su famosa tragicomedia. Pocos personajes existen, en la literatura universal, que confiesen una afición al vino tan desmedida como nuestra sin par alcahueta, que no conocía «mejor oficio a la mesa que el de escanciar», y que se preciaba, sarcásticamente, de beber «una sola docena de veces a cada comida». Entre las incontables virtudes que ella misma enumera del vino, encontramos las siguientes: por las noches, en invierno, «no hay tal escalentador de cama», «da esfuerzo al mozo y al viejo fuerza, pone color al descolorido, coraje al cobarde, al flojo diligencia, conforta los cerebros, saca el frío del estómago, quita el hedor del aliento, hace potentes a los fríos...». Y concluye, finalmente, que «no tiene sino una tacha, que lo bueno vale caro y lo malo hace daño. Así que con lo que sana el hígado enferma la bolsa».

Remedando la anterior retahíla de elogios, García Pavón escribió en *Las hermanas coloradas* otro memorable panegírico, revistiéndolo con el color y el pintoresquismo popular del habla manchega:

> «Si no fuese por el vino administrao, se pasaría uno la jornada blanqueando el nicho. Él, barre recochuras y pone la risa a flote. Da corriente a los nervios, despabila la bellota, hace buenos a los amigos, y a todas las mujeres comestibles. Enferia el corazón y lo calienta. Te llena los toneletes de leche. Deshollina el riñón, te quita peso, encarga palabras, llama chistes, caldea los ojos, ensalsa las lenguas, y te pone la vida como un haz de alegrones. Beber con tiento es volverse mozo, ver las corridas llenas de flores y sentir las manos con ganas de teta y los pies bailones. El vino es la sangre que mensila el gran papo del globo terráqueo. El mero caldo de la creación humana. Todo lo grande de esta vida se hizo al correr del vino».

Salvo algunos autores de tendencias más bien depresivas, como Bécquer, quien confesó tener «alegre la tristeza y triste el vino», la mayoría han destacado sus efectos beneficiosos, e incluso han llegado a divinizarlo, como hizo Baudelaire al proclamar, en su poema «El vino de los traperos», que «para ahogar el rencor y mecer la indolencia… Dios hizo el sueño y el hombre añadió el vino, hijo sagrado del sol».

Con más realismo y no menos propensión a la hipérbole, otros supieron valorar sus muchas virtudes relacionadas con el amor y la amistad, tal es el caso de Nicanor Parra, que en una de sus coplas escribió que un buen vino «sólo puede compararse al beso de una doncella». En términos muy parecidos habló Neruda en una de sus *Odas elementales*, al afirmar que el vino no tiene sólo color y tacto, sino también memoria y alma. Y establecía además una estrecha relación entre la belleza de la copa, los racimos o las uvas, y el cuerpo de la mujer, porque no sólo amor, «beso quemante o corazón quemado / eres, vino de vida, / sino / amistad de los seres, transparencia».

De ese don, el de la ebriedad, habló también Claudio Rodríguez en el más temprano y emblemático de sus libros. Un poeta como él, tan deslumbrado y deslumbrante, no podía dejar de cantar al vino con arrebato iluminado, con ese arrebato de no estar «nunca serenos! ¡siempre / con vino encima!», y con el júbilo de quien vuelve a su pueblo y bebe en paz, y siempre sin aguarlo, «media azumbre de vino peleón, doncel o albillo».

De majuelos y tinajas, de mostos y lagares, de uvas y *vino negro* hablaron también otros poetas más cercanos a nosotros, como Juan Alcaide en los sonetos de su *Trilogía del vino*, en dos de los cuales recrea un original diálogo entre el bebedor y la tinaja, mientras que en el tercero ensalza, con una devoción casi religiosa, las propiedades del caldo, paradójicamente capaz de darnos y quitarnos todo al mismo tiempo. En el primero de ellos dice: «Crucificado en el sarmiento ¡Oh vino!, / con pámpanos triunfales resucitas / cuando en piedras preciosas te maduras. / Tú rompes la luz blanca al desatino. / Por ti se quedan cuerdas las locuras, / pues sólo tú nos das... lo que nos quitas».

Una de las más recientes aportaciones a una posible literatura manchega del vino la dejó impresa otro poeta valdepeñero, Joaquín Brotóns, autor del libro *El vino de Valdepeñas en las tabernas de Madrid*, un panegírico del aloque valdepeñero escrito y trasegado a pie de barra, donde el autor entremezcla la historia de sus vides, el zurrir de sus tinajas, el aroma de sus caldos, los nombres de ilustres personajes que lo degustaron, las tascas madrileñas que aún lo ofrecen y los recuerdos más personales del Brotóns bebedor, nocherniego y poeta, un empedernido tabernícola y un irredento adorador de Baco.

En resumen, considerando la opinión de los poetas, el vino nos da generosamente la alegría, la salud, la libertad, la juventud, nos quita las máscaras y nos sitúa ante el espejo de la verdad, además de redimirnos simbólicamente de nuestros pecados. En definitiva, frente a otras bebidas como el whisky o la cerveza, el vino ha creado una literatura propia, e incluso posee también su propia arquitectura.

Son múltiples las arquitecturas del vino a lo largo de las distintas etapas que atraviesa en su largo viaje desde la tierra hasta la mesa, desde la cepa hasta la copa. En primer lugar, cuando el vino es savia todavía, puede admirarse la arquitectura recta y horizontal de los viñedos, multiplicados en un laberinto de líneas infinitas por la llanura; después la arquitectura de reflejos verdes o dorados, que estalla en las pámpanas bajo la luz del verano; o más tarde, en septiembre, la lujuriosa rotundidad de los racimos, que cuelgan con vocación de estalactitas. O aquella otra arquitectura, más íntima y solemne, de las parras bajo las que transcurrió nuestra infancia, parras que eran como un retorcido palio verde que les daba a los patios un aire de templo rústico y pagano, báquico y familiar.

Las arquitecturas del vino son diversas y se fraguan en las formas geométricas más caprichosas; pero sus líneas y volúmenes tienden a la línea curva o redondeada, que viene ya anunciada, desde su origen, en la perfecta redondez de la uva: la configuración cónica de los racimos, las maternales caderas de esos vientres placentarios que son las tinajas; la cilíndrica arquitectura, hecha para la mano y para el tacto, de las botellas; o la leve arquitectura del vaso y de la copa, que ya nos hablan, con un lenguaje más íntimo, del sabor, del color y del aroma.

De entre todas las posibles arquitecturas del vino sólo la más reciente, la del *tetrabrik*, se nos antoja bastarda e impostada, tal vez porque oculta más que enseña o porque representa el más atroz consumismo. Esa arquitectura sólida y compacta, ciega y rectangular, del envase del *tretrabrik,* es la gran aportación de la modernidad a la inveterada tradición del vino. Una aportación que tal vez había sido ya profetizada en la misteriosa imagen del monolito de *2001. Una odisea del espacio*, la famosa película de Kubrick. Pero profetizado o no en aquel enigmático monolito, henos aquí ante el gran logro, ante la gran hazaña del siglo XX en la industria del envasado.

Las aristas duras y los ángulos rectos del *tetrabrik*, sus líneas paralelas y simétricas, obedecen a una concepción cartesiana y apolínea del mundo, radicalmente opuesta a la visión dionisíaca que el vino encarna; una visión reflejada en las formas irregulares y en las líneas asimétricas de todos los recipientes que, desde antiguo, se han utilizado para su envase, para su transporte o para su degustación. Desde las ánforas y las cráteras griegas a los pellejos cervantinos que don Quijote confundió con gigantes; desde los lebrillos a los viejos toneles o desde las barricas a las botas de cuero; desde el barro de las jarras hasta el de las tinajas, desde el vidrio cónico de los vasos a la copa larga de los espumosos, la arquitectura del vino está basada en ese predominio de lo irregular y curvilíneo. Por eso las aristas rectas y angulosas del *tetrabrik* constituyen una aberrante anomalía del diseño.

Privado de sonido, de transparencia y de la sensualidad de sus curvas, el vino sobrelleva mal esas formas obscenamente simétricas, tan contrarias a su propia naturaleza, y no cuesta mucho imaginarlo como un cadáver líquido atrapado dentro de un sarcófago. El mundo parecía no haber evolucionado lo suficiente hasta que sobrevino la invención del *tetrabrik*. Pero en ese salto que va desde la transparencia del vidrio hasta la opacidad de los envases de cartón, la civilización occidental puso de manifiesto que su imaginación no tiene límites. En los peldaños que van del barro al vidrio y culminan en el cartón, se resume muy bien nuestro devenir evolutivo; y el *tretrabrik* representa la más espeluznante decadencia de la cultura contemporánea.

El vino está reñido con la línea recta porque lo recto es una encarnación del espíritu apolíneo. Lo apolíneo presupone la fría y simétrica corrección de las formas clásicas, la severa lucidez de la razón, la rigidez de los moldes, el afán de someterlo todo a reglas. Por el contrario, lo dionisíaco representa el desbordamiento y el desequilibrio barrocos, la libertad y la pasión romántica, la potencia imaginativa, la oscuridad del misterio, la tentación de transgredir las normas. Lo apolíneo despierta en nosotros el ángel que llevamos dentro; lo dionisíaco nos hace más carnales, más frágiles y, en consecuencia, más humanos.

Lo apolíneo es todo lo que quisiéramos ser; lo dionisíaco, todo lo que somos. El ideal apolíneo es el de la verdad, la perfección, la justicia y la belleza: es decir, los ideales de don Quijote. Por eso don Quijote es apolíneo y, por eso, nunca bebe vino. Y tal vez también por ello sus sueños no dejan de ser una grotesca quimera. Sin embargo, los impulsos de Sancho Panza son dionisíacos; se basan en la filosofía epicúrea del *carpe diem*, porque vive la realidad a pie de surco y trata de disfrutarla, de ahí que esté continuamente dándole *besicos* a la bota de vino.

Pero al margen de las distintas arquitecturas del vino, la sana costumbre de «beber una goteja» (como recordaba con un localismo manchego Félix Grande en su *Balada del abuelo Palancas*) permanece inalterable a lo largo de los tiempos. Y ello es así, tal vez, porque la última y más irreductible de las formas arquitectónicas del vino es de naturaleza orgánica: el corazón. Primer y último envase por el que comprendemos que el vino no sólo es alimento para el cuerpo sino, sobre todo, para el alma. Por eso sólo el vino tiene tanta literatura, tanta lírica, tanta capacidad de mantener «alegre la tristeza», como proclamaba el verso becqueriano; o tiene el derecho «a cruzar por nuestra pena», como escribió Eladio Cabañero en su soneto «El vino desahuciado».

Tal vez por eso, también el corazón es una roja arquitectura curvilínea del color del vino y de la sangre. Nadie sabe cuál es la arquitectura ni el color del alma, pero si algún día se supiera, a nadie sorprendería que tuviese la misma arquitectura y el color del vino.

VINO, TINTA DEL ALMA

La tinta ha sido siempre un buen antídoto contra la realidad, un antídoto que con frecuencia ha servido a los poetas y a los escritores para enfrentarse al mundo o tal vez para evadirse de él. Y también el vino, a su manera, viene siendo desde hace siglos un misterioso elixir con cuya tinta tricolor se escribe, día a día y vaso a vaso, la crónica dulciamarga de nuestro paso por la vida.

Con tinta se escribió y se sigue escribiendo nuestra historia, y con tinto se han regado también muchas contiendas, porque el vino es como un bálsamo que sirve para aplacar el sabor a derrota que a veces dejan las batallas perdidas. En vino se diluyeron muchos venenos donde ardió la llama de las más bellas o turbias pasiones, entre ellas la del amor. Porque el amor y el vino han formado siempre una pareja inseparable.

Los efectos desinhibidores del vino son tan poderosos, que actúan como activadores de la amistad y de las relaciones amorosas, de ahí que proclamara en sus «Coplas» el poeta Nicanor Parra que un vino bien conversado, o bien bebido, es una especie de milagro «que hermana los corazones»; y Goethe asoció al amor y a las mujeres el poder terapéutico del vino cuando dijo que «un vaso de vino cura todo mal, y el que no bebe y no besa, está peor que muerto».

Considerado por Alejandro Dumas como «la parte espiritual de nuestro alimento», sus propiedades curativas han sido ponderadas desde la antigüedad, y en muchos casos se han destacado sus efectos beneficiosos no sólo para el cuerpo, sino igualmente para el alma. Ya Séneca confesó que el vino cura, entre algunas otras enfermedades, la tristeza. Y Juan Ruiz, el célebre clérigo de Hita, afirmó que «muchas bondades tiene bebido con mesura», un consejo que no se diferencia mucho de las palabras que, seis siglos más tarde,

179

dejaría escritas uno de nuestros médicos más renombrados, Francisco Grande Covián: «Tenemos argumentos para creer que el vino tinto es beneficioso para el corazón cuando se bebe con medida».

Además de los elogios que Fernando de Rojas puso en boca de su famosa alcahueta, no podemos dejar de recordar a otro de nuestros más ilustres personajes de ficción, Lázaro de Tormes, quien confesó que «tan hecho estaba al vino, que moría por él», y quizás por ello no podía acabar desempeñando otro oficio sino el de pregonero de vinos en Toledo. De su irreprimible afición a los jugos báquicos quedó constancia en aquel memorable episodio donde el ciego, tras advertir el ingenioso ardid de la paja, asestó un terrible jarrazo sobre los dientes del pícaro: un golpe que vuelve a recordarnos el valor curativo del vino cuando el ciego decide sanar con él las heridas del niño, y hasta llega a decirle irónicamente: «lo que te enfermó te sana y da salud».

Este poder medicinal del vino fue también jocosamente tratado por Cervantes mediante la invención del extraño bálsamo de Fierabrás, pócima consistente en una mezcla de vino con aceite, sal y romero, capaz de curar las heridas de los caballeros andantes. Don Quijote, casi siempre sabio y mesurado en sus juicios, bebía poco, pero es bien conocida la afición al tinto de Sancho Panza, que siempre andaba con la bota en ristre y que, mientras el buen caballero aprovechaba cualquier ocasión para empuñar la lanza, el glotón escudero las aprovechaba para empinar el codo. Por ello, y recogiendo la tradición medieval, cuando Sancho es nombrado gobernador de Barataria, don Quijote le da, entre otros consejos, el de comer poco y cenar poco, «que la salud del cuerpo se fragua en la oficina del estómago», –y añade– «sé templado en el beber, considerando que el vino demasiado ni guarda secreto ni cumple palabra».

Ese poder desinhibidor del vino, que desata las lenguas y lleva a decir la verdad, es sin duda lo que se oculta tras aquella famosa frase de Plinio el Viejo, «In vino veritas», según la cual el vino, además de un potente antioxidante, sería un buen activador de la sinceridad. Otras veces no sólo ayuda a decir la verdad o a comprenderla, sino también a maquillarla, o a hacernos al menos un poco más digerible la realidad y la gente que nos rodea. Por eso confesó Óscar Wilde: «si bebo no es para hacerme el interesante, sino para hacer más interesantes a los demás».

A nadie (salvo a los abstemios o a los más radicales militantes de la liga antialcohólica) sorprende hoy esta estrecha relación entre el vino y la salud, y menos aún si observamos que las dos palabras castellanas *bodega y botica* proceden, curiosamente, de la misma palabra griega: *apoteka.* Un elemental fenómeno fonético, propio de nuestra lengua, hizo que esas tres consonantes sordas y oclusivas (P, T, K) se transformaran en sus correspondientes parejas sonoras (B, D, G). Es decir, los caprichos del lenguaje han hecho que ambos lugares, la botica y la bodega, acabaran siendo algo muy parecido: dos espacios donde se vende o se preserva la salud, ya sea en estado sólido y en forma de pastillas, o ya en estado líquido y embotellado.

Sabedor de sus efectos euforizantes, Virgilio definió como un «don que da la alegría» el licor del dios Liber, divinidad romana de la fecundidad a quien también llamaron Baco. Y no parece casual que la palabra latina *liber* evolucionara en castellano a la palabra *libre*, porque su don es el que libera, el que desinhibe, el que arranca prejuicios y nos hace manifestarnos tal como somos bajo la falsa apariencia de todas nuestras máscaras. A poco que uno se detenga en las palabras advertirá que el verbo *libar*, ya en desuso, significa en su origen rendir culto al dios Liber, es decir, liberarse, despojarse de todas las ataduras psicológicas y morales que nos inhiben y nos esclavizan.

El vino es, desde este punto de vista y desde su misma etimología, un don liberador. Liberador en todos los terrenos, incluido el de la sexualidad. Recordemos que en honor del dios Liber, después llamado Baco, los romanos instituyeron las bacanales, unas ceremonias orgiásticas que se caracterizaban por su desenfreno sexual y que llegaron a degenerar de tal manera que acabaron siendo prohibidas en el año 186 a. C.

El debate, sin embargo, no es ese, sino saber cuántas copas son necesarias para conseguir tal don liberador. Siempre se ha dicho que en la moderación está la virtud, pero en este caso parece que la virtud se encuentra algún que otro vaso más allá de los estrictos límites que marca el alcoholímetro.

Ante la duda, algunos prefirieron situarse en el otro extremo para alcanzar el *don de la ebriedad*. Tal fue el caso de Claudio Rodríguez, un poeta y bebedor ejemplar que cantó siempre desde la alegría de no estar «nunca serenos! ¡siempre / con vino encima!». Sobre esos poderes estimulantes del vino, concebido además como un excelente antidepresivo y buen remedio contra la soledad, antídoto contra los males del cuerpo y del espíritu, escribió también nuestra paisana valdepeñera Sagrario Torres en su soneto titulado «El vino, compañero del hombre».

Puede que los poetas no entiendan de antioxidantes, de taninos o de polifenoles, pero con sus metáforas y sus lúcidas intuiciones han sabido expresar los efectos beneficiosos del vino, entre los que tal vez ha estado siempre oculto el verdadero secreto de la longevidad, o quién sabe si el mito de la eterna juventud, ese secreto que tantos buscaron vendiendo su alma al diablo, como el *Fausto* de Goethe. Por ello, quizás no exageraba mucho Baudelaire cuando, refiriéndose a una botella de vino, proclamó:

«Tú viertes la esperanza, la juventud, la vida
y el orgullo, este tesoro de toda miseria,
que nos vuelve triunfantes e iguales a los dioses».

En definitiva, y considerando la opinión de tantos autores, que tenían no sólo muy bien educada la voz sino también el paladar, comprobamos que el vino nos abre las puertas de la amistad y del amor, nos da generosamente la alegría, la salud, la libertad, la juventud, nos despoja de nuestras máscaras y nos sitúa ante el espejo de la verdad. Alimento, pues, no sólo necesario para la salud del cuerpo sino también y, sobre todo, para la salud del alma.

Como en un extraño proceso de transustanciación, el vino nos vuelve cuerpo de su cuerpo y quizás por eso el corazón tiene el mismo color rojo del vino, y posee además una arquitectura cónica, que es la forma natural de los racimos. El vino nos vuelve cuerpo de su cuerpo y tal vez habría que añadir que nos vuelve alma de su alma. Porque el vino es la tinta del alma y con ella escribimos.

Bebamos, pues, con moderación o sin ella, porque si el vino no logra hacernos mejores, al menos sí nos ayudará a ser un poco más nosotros mismos. Tal vez no nos alargará la vida, pero nos ayudará a vivirla con más intensidad. Quizá no nos salve, pero nos proporcionará compañía. Puede que no solucione nuestros problemas, pero el cristal de su copa actuará como una lente que nos permita contemplarlos sin dramatismo y sin angustia. Seguramente su poder no será suficiente para cambiar el mundo, pero nos permitirá verlo todo con una mirada mucho más luminosa. Y el color gris que a veces tiene la vida se transformará, contemplado a través del blanco, del rosado o del tinto, en un color verde esperanza, que es el color de la uva.

Bebamos. El vino quizás no haga que se cumplan nuestros sueños, pero al menos nos servirá para creer que esos sueños pueden hacerse posibles.

RUTA BODEGUERA DEL *TRENILLO*

El antiguo ferrocarril de vía estrecha entre Valdepeñas y Puertollano, conocido popularmente como el *trenillo,* estuvo activo entre 1893 y 1963. Su fundador, el empresario vasco Pedro Ortiz de Zárate, diseñó su trazado con un objetivo comercial, tratando de dar salida, desde su finca de Montanchuelos, a sus propios productos, entre ellos el vino.

Hoy en día esa ruta que unía siete poblaciones (Valdepeñas, Moral, Granátula, Calzada, Aldea del Rey, Argamasilla y Puertollano) apenas conserva unos cuantos tramos reconocibles de su antiguo trazado, pero su interés no se limita sólo al nostálgico recuerdo de lo que fue: una romántica reliquia de otros tiempos. Al contrario, la ruta por donde discurría la vía férrea a lo largo del Campo de Calatrava posee cierto interés turístico no sólo por su singular configuración geológica y paisajística, sino también por su diversidad histórica y cultural, como comprobaremos más adelante.

Los pasajeros de aquel lentísimo *trenillo* contemplaban paisajes muy diversos a lo largo de los 76 kilómetros de la ruta, pero los olivares y las viñas, junto con los cereales, eran (y continúan siendo) protagonistas durante todo el recorrido. Pan, vino y aceite, productos esenciales de la comarca, actuaban así como un triple espinazo sobre el que se vertebraba esta ruta comercial.

Salvo en los últimos kilómetros de su recorrido, que discurren entre las recias crestas de la Sierra de Puertollano, el olivo y la vid imponen en los campos una hegemonía que se hace aún más visible en Moral y Valdepeñas. Este tramo inicial sería suficiente para elevar la del *trenillo* a la categoría de ruta báquica, sobre todo si se considera la rica tradición museística valdepeñera, que cuenta con un Museo del Vino o con algunos otros museos singulares como el

Molino de Gregorio Prieto –hoy sede de la «Asociación de Amigos del Vino»–. Valdepeñas, que tiene espíritu báquico y alma bodeguera, ha desarrollado una conciencia muy clara de su identidad, por eso conserva bodegas como las de *Luis Megía o Peinado*, hoy convertidas en museo. Bodegas a las que no pueden dejar de añadirse otras de muy larga tradición literaria, como la del Trascacho o la del Grupo *A-7*, desde cuyo empotro, presidido por el lema «Vinum poesisque», y siempre gracias al empeño de los hermanos Creis, tuvimos la suerte de escuchar la voz de algunos de los poetas más preclaros del siglo XX. Valdepeñas nació para la paz (de ahí el titánico ángel de Juan de Ávalos en la Aguzadera) y, sobre todo, nació para regar la tierra con el licor del dios Liber.

Aunque sus constructores no fuesen conscientes de ello, el trazado del ferrocarril atravesaba parajes de un alto interés geológico, debido a la presencia de los numerosos volcanes, hervideros y lagunas de origen volcánico que constituyen la mayor singularidad paisajística del Campo de Calatrava. Es bien conocida la fertilidad y riqueza mineral de las tierras volcánicas, lo cual puede haber influido en algún caso sobre la calidad o el sabor de algunos vinos de esta comarca. Eso es, al menos, lo que rezan las etiquetas y otros textos que ciertas bodegas utilizan para promocionar sus caldos. Así, en la etiqueta del *Lahar de Calatrava*, uno de los vinos de las bodegas Naranjo de Carrión, se lee:

> «El Campo de Calatrava se caracteriza por su singular relieve volcánico y sus cráteres y lahares, así como los hervideros (manantiales naturales de aguas con gran riqueza mineral) que se extienden por todo su territorio, hacen que el cultivo de la vid, tradicional en esta zona desde hace siglos, produzca vinos que como *Lahar de Calatrava*, expresan la peculiaridad del terreno, que los hace diferentes a los de otras comarcas vinícolas».

Hay otros vinos que, en sus campañas de marketing, explotan esas beneficiosas propiedades del suelo volcánico, un suelo que «contribuye a la expresión mineral y a la acidez refrescante en el vino». Algunos incluso llevan la identidad volcánica impresa en sus propios nombres, como los almagreños *Vulcanus*, elaborados con variedad de uva syrah o tempranillo, y el *Maar de Cervera*, procedente de la finca Encomienda de Cervera. También en Moral de Calatrava las bodegas Anhelo embotellan un vino blanco en cuya etiqueta se anuncia «Tierra de volcanes». El también moraleño Quinta de Aves ofrece sus variedades coupage y phoenix como «vinos volcánicos». Las bodegas Calar, de Montanchuelos, justifican las bondades de su vino por criarse en un suelo «muy pedregoso debido a la presencia de piroclastos y cuarcitas». Y la finca La Encomienda, en el valdepeñero Cerro de las Cabezas, anuncia los suyos como «vinos volcánicos de autor».

La ruta bodeguera, como no podía ser de otro modo, tiene su culminación en Valdepeñas, y de ello dan fe no sólo grandes bodegas como la de Félix Solís (que exporta a más de 115 países) o las de Los Llanos, que alardean de tener una de las cavas más grandes del país, sino también otras bodegas más pequeñas y familiares que han apostado por la calidad, tal es el caso de Juan Antonio Megía e hijos, responsables de la elaboración del *Corcovo*, caldos en los que tradición e innovación conviven en perfecta armonía, y que se publicitan como «elegantes, con carácter, vinos con estilo propio, muy personales, que despiertan los sentidos y conquistan los paladares más exigentes».

Todo un derroche de imaginación del que hacen gala las contraetiquetas de las botellas, que deberían ser elevadas a la categoría de subgénero literario, dado el uso de hipérboles y llamativas asociaciones que pretenden definir la identidad de los productos desde las tres dimensiones básicas del vino: la de la vista, la del gusto y la del olfato. Sin embargo, su repetición y falta de originalidad acaba topificándose. En opinión de Matías Barchino, valdepeñero y escéptico, se trata de «palabras vacías que solo buscan un prestigio ampuloso pero que solo engañan a quien se deja engañar». En este sentido, hay quienes piensan que el vino debe saber a la uva con la que se elabora, no a las sustancias químicas frutales añadidas, que a veces convierten el vino en algo parecido a una macedonia.

Es muy común la idea de que las palabras *bodega* y *Valdepeñas* podrían considerarse sinónimos en la semántica del vino. Y dicha semántica posee tantos nombres propios y comunes, que sería posible elaborar con ellos un diccionario específico. Ocuparían el primer lugar, por riguroso orden alfabético, las bodegas Arúspide, cuyo *Landó* blanco afrutado se describe «con notas de piel de cítricos, recuerdos de fruta blanca y hierbas aromáticas», mientras que a su versión de tinto crianza le atribuyen una personalidad «de intenso color rubí».

A las ya desaparecidas bodegas Brotóns les correspondería el segundo lugar, ejemplo de un pasado en que los vinos valdepeñeros gozaban de amplia distribución y prestigio en las tabernas de Madrid. El poeta Joaquín Brotóns, hijo de bodeguero, dejó testimonio de ello en el libro antes citado.

Siguiendo ese orden, la de Dionisos, conocida por su calendario cósmico como «la bodega de las estrellas», realiza una propuesta familiar que apela a la calidad natural y a los argumentos ecológicos, con vinos hechos en las tradicionales tinajas de barro y sin sulfitos añadidos. La de Doroteo Navarro, por su parte, alardea de su *Don Aurelio* describiéndolo muy apetitosamente con «color rojo picota, con tonos violáceos…, rico en matices a mora, cereza y a caramelo de fresa».

Las de Los Llanos, para su *Señorío de los Llanos* blanco verdejo, ofrece sensaciones más exóticas gracias a sus «aromas a frutas tropicales, como la piña y el mango, que se combinan con notas cítricas y herbáceas». Las de Miguel Calatayud adjudican a su *Vegaval* tinto reserva un «color rojo cereza y reflejos rubí con una gran intensidad de color. Elegante aroma, de gran intensidad, en el que destacan la fruta negra con ciertos recuerdos torrefactos y a vainilla bien integrados en su conjunto». Las de Marín Perona, autodenominadas «artesanos del vino», optan también en su *Tejeruela* por las tinajas de barro y, en un intento de diferenciarse, apelan al «estilo único y propio».

Muy cerca de Valdepeñas, las bodegas Real ofrecen su *Vega Ibor* con una cierta sobrecarga de colores y sabores que lo aproximan a una jugosa macedonia de frutas: «un vivo color rojo granate, de capa media, con ribetes púrpuras. Aroma intenso de cacao, regaliz, bayas negras y ciruelas confitadas al que se suma un particular carácter mineral y balsámico. Destacan leves toques mentolados junto con un bouquet tostado y vainilla».

En definitiva, son tantas sus bodegas, que bien merece Valdepeñas, entre otros apelativos, el de ciudad del vino. Vieja luparia, *mare nostrum* de viñas, Mediterráneo de pámpanas, corazón de cencibel, alma de airén, cuerpo de garnacha.

Pero la ruta bodeguera y enoturista no se agota en el feudo de la famosa guerrillera La Galana, sino que continúa, siempre hacia el oeste, siguiendo las vías del *trenillo*. En Moral de Calatrava nos topamos con bodegas como Quinta de Aves, que recurren al vulcanismo y a la mitología para describir su *Quinta de aves* Phoenix, su buque insignia, el cual «representa la unión de nuestro entorno marcado por las aves, con los suelos volcánicos del Campo de Calatrava, a través del ave Phoenix que resucita de sus cenizas como nuestro vino cada vendimia». Moraleñas son también las bodegas Moralia, acogidas al sello Vino de la Tierra de Castilla; presenta, además de otras variedades, su *Moralia* verdejo, que «en nariz presenta intensos aromas florales, a hinojo y a heno, y frutales, con un marcado recuerdo a piel de melocotón y a fruta madura y con un buen fondo tropical».

Siguiendo las riberas del Jabalón, las bodegas Calar en la granatuleña finca de Montanchuelos, también elaboran un vino ajustado al «entorno natural inalterado de esta tierra volcánica, produciendo un vino con nombre propio» deno-minado *Calar*. Y poco más allá de Calzada encontramos las bodegas El Mesto, de Sacristanía, que ofrecen como marca de calidad una vendimia manual y nocturna para su *Encomienda de Sacristanía* y su *Castillo de Salvatierra*. Finalmente, las bodegas Finca Coronado de Argamasilla ofrecen vinos cuya altisonante descripción se deja llevar por altos vuelos imaginativos, pues «en los primeros instantes aparecen unos elegantes recuerdos de la serie vegetal (retama y té verde). A continuación despliega delicadas notas de frutos rojos muy maduros (cerezas), que dan paso a ecos suavemente tostados y a recuerdos especiados».

Vista la acumulación de bodegas, marcas y variedades de vinos, parece natural pensar que son muchos los bares y restaurantes que existen a lo largo de esta ruta u otras similares. Sin embargo, la realidad puede resultar engañosa y las estadísticas también. Según un estudio del FEHR, la provincia de Ciudad Real es una de las que cuenta con una menor densidad de bares (2,40 por cada mil habitantes), menos de la mitad que León, que cuenta con el doble (5,3). Y más sorprendente aún (aunque los datos sólo muestran lo engañoso de las estadísticas) ciudades densamente pobladas como Puertollano o Valdepeñas llegan a 1,57 bares por mil habitantes, mientras que pueblos como Hinojosas (con 500 habitantes) o Fontanarejo (sólo con 250) alcanzan unas medias de 6 y 7,5 bares por cada mil.

Pese a todo, los bares no escasean y es frecuente toparse con los ya citados o con otros vinos de la tierra que, por fortuna, no son riberas, riojas o ruedas verdejos. Hoy por hoy, en la mayoría de los bares y restaurantes de estos pueblos pueden degustarse muchas variedades de vinos de por aquí, ya sean blancos como el afrutado y frizzante *Viña Xétar*, de la bodegas El Progreso de Villarrubia, o el *Viña Cuerva* de las Bodegas Naranjo, o bien otros verdejos de baja graduación, valorados por su «chispeante acidez y delicada dulzura», incluso otros más secos, como el *Yugo* de Socuéllamos, «dorado pálido y con lágrima potente…, desprende aromas limpios tropicales como el plátano y la piña».

Aunque queden un tanto a trasmano de la ruta, en estos pueblos es posible encontrar otros vinos autóctonos como el *Mano a mano,* de las bodegas del mismo nombre, que garantiza «agradables notas de cacao y café». Bastante menos difundido es el *Abuelo Paco*, «un vino corpulento, sedoso y con grato recuerdo», de las bodegas Romero de Ávila de La Solana. Y no lejos de allí, las bodegas 500 arrobas de Villanueva de los Infantes, dan su nombre a un tinto «que nos permite apreciar aromas frutales como grosellas y toques térreos como trufas y ciertas notas minerales».

En un peldaño algo más elevado de precio y calidad, se encuentran los vinos de *pago*, como el *Pago Florentino* de las bodegas Arzuaga Navarro, de Malagón, criados sobre suelo de rocas graníticas y arcilla. Sometido a una valoración creciente, el Pago *Dehesa del Carrizal*, en Retuerta del Bullaque, basa la personalidad de sus caldos en la combinación de tres factores: el factor humano, el clima y el suelo. Por lo que respecta a este último, propone como singularidad sus viñas asentadas sobre rañas, tierras de arcillas y cantos cuarcíticos, que reciben aromas del monte bajo, jara, tomillo, romero…

También es muy frecuente encontrar dentro de la provincia caldos elaborados fuera de ella, tal es el caso del *Finca La Estacada* de Tarancón, o del *Paso a Paso* de las bodegas conquenses Volver, un vino con olor «a fruta madura y tostados cremosos de roble, rico en boca, con mucha fruta y un final sedoso y largo». Las bodegas Atalaya de Almansa también están muy presentes a través de su tinto, un vino muy sensualmente descrito, «concentrado, muy frutal y expresivo con marcadas maderas cremosas y explosividad y carnosidad bucal».

Hoy, más de sesenta años después de haber sido desmantelada la vía férrea del *trenillo*, no queda ningún rastro de sus raíles, apenas sobreviven, en estado ruinoso, algunas de sus antiguas estaciones o alguno de sus puentes; pero al menos nos ha quedado, a lo largo de su ruta, el verde intacto de las viñas y el fresco y aromático olor de las bodegas.

A LA SOMBRA
DE LOS VOLCANES

EL GEOPARQUE
DEL CAMPO DE CALATRAVA

En marzo de 2024 la UNESCO declaró Geoparque al territorio volcánico del Campo de Calatrava, que se convirtió así en uno de los 213 territorios catalogados en el mundo como geoparques. Desde entonces, como era previsible, no ha dejado de registrarse un interés creciente por esta zona y por sus volcanes.

Lo que en otras décadas fueron cerros anónimos o, en el peor de los casos, tan sólo minas a cielo abierto, canteras para la extracción de basalto y puzolanas, que en algunos casos quedaron reducidas a escombreras ilegales, hoy comienzan a mirarse de otro modo. Se ve en esos paisajes, antes ignorados, una posibilidad de explotarlos: es decir, en vez de un filón para las industrias cementeras, podrían convertirse en un filón geoturístico para las instituciones, negocio bastante más rentable y menos agresivo que el de los áridos. De hecho, ya circulan por ahí varias guías turísticas con los sugerentes títulos de *Maares de vida*, *Montañas de fuego* y *Volcanismo de Calatrava*, que ofrecen testimonio de esa riqueza geológica de nuestra tierra; guías que vienen a sumarse a otras publicaciones sobre el tema, llevadas a cabo por el equipo de Geovol: *Volcanes del Campo de Calatrava* (2005), *Aportaciones recientes en volcanología* (2010) o *Volcanes. El latido del Campo de Calatrava* (2013).

Quienes antes pasaban de largo sin reparar siquiera en esos conos volcánicos esparcidos a lo largo de cuarenta municipios y casi 4.400 kilómetros cuadrados, ahora intentan identificarlos, les ponen nombre e incluso se fotografían ante ellos. Otros, tal vez no muy curtidos en geología, pero sí en el ejercicio del oportunismo, aunque han descubierto tarde esos cerros, han hecho de ellos causa y bandera propias, y hasta los han convertido ya en materia literaria. En consecuencia, es probable que en un futuro no lejano contemos, en prosa o en verso, con una literatura digna que tenga a los volcanes como protagonistas.

Actualmente hay volcanes que cuentan ya con paneles interpretativos, tal es el caso de La Conejera, en Ballesteros de Calatrava, o el Maar de la Hoya de Cervera en Almagro. Hay algunas zonas que cuentan con carteles a pie de carretera señalizando volcanes que, en algún caso, han sido muy bien acondicionados para disfrutar de espectaculares vistas panorámicas. Sucede así con el Mirador de los maares del Cabezo del Rey, frente a Poblete, donde además se puede realizar una ruta virtual con realidad aumentada, que permite presenciar los edificios volcánicos del entorno como si estuvieran en plena erupción.

Desde el año 2016 contamos asimismo con un volcán visitable frente a la Cueva de la Encantada de Granátula: el Cerro Gordo. Y tenemos incluso unos vinos *volcánicos* como el *Maar de Cervera*, el *Vulcanus*, el *Lahar de Calatrava* o el *Quinta de Aves*, que, en sus campañas de marketing o en sus propios nombres, como hemos comprobado en el capítulo anterior, pretenden explotar la fertilidad y riqueza mineral de las tierras volcánicas, según puede leerse en algunas etiquetas como la del *Lahar de Calatrava,* donde se afirma que sus vinos «expresan la peculiaridad del terreno, que los hace diferentes a los de otras comarcas vinícolas».

En definitiva, la singularidad geológica del Campo de Calatrava ha comenzado a ser percibida y utilizada en ámbitos diversos que se encuentran más allá de los gremios científico y turístico. Y es previsible que tal interés por los volcanes, gracias al trabajo de Geovol y al impulso generado por la declaración de la UNESCO, continúe acrecentándose notablemente durante los próximos años.

Pero antes de todo eso, más de veinticinco años antes, fue la profesora Elena González Cárdenas quien comenzó a estudiar la geomorfología volcánica de la provincia. A ella le dediqué, en abril de 2016, un artículo titulado «Cerro Gordo. Un mirador milenario», escrito al conocer la noticia de que el volcán, por fin, dejaría de ser una desolada cantera y se convertiría en un lugar visitable. Y con anterioridad, en *Más allá de la llanura* (2013), ya cité un párrafo suyo extraído del libro *Aportaciones recientes en volcanología (2005-2008)*, donde se denunciaba la situación de abandono y deterioro en que se encontraban algunos volcanes del Campo de Calatrava:

> «En la actualidad, en torno al 20% de los edificios volcánicos, se encuentran gravemente alterados por los procesos de explotación de minas y canteras. Esta actividad ha provocado un continuo deterioro. El proceso poco a poco se ha ido convirtiendo en un gran expolio por parte de concesiones mineras nacionales, que gravemente están modificando el paisaje y la morfología de algunos de los mejores ejemplos de edificios volcánicos de la zona, y posiblemente de la península, por su alto valor científico, como es el caso del volcán de Cerro Gordo, donde literalmente se están 'comiendo' el edificio».

Con palabra más lírica y tonos casi elegíacos, a continuación añadía yo:

> «Cerro Gordo, viejo gigante con los cimientos arrasados por la más cruel de las erosiones. Alto mirador del Campo de Calatrava que vio nacer y extinguirse tantas culturas, mudo testigo que contempló con misericordia el paso de los cataclismos y el paso de los hombres; titán que no tuvo Virgilios que cantaran su historia y su leyenda. Cerro Gordo, frágil milagro de la geología, coloso con los pies heridos que hoy, en el centro del Campo de Calatrava, entona su canción de lavas muertas: una canción que es un grito de socorro que casi nadie se detiene a escuchar».

Afortunada y sorprendentemente, ese grito de socorro fue escuchado y en la primavera de 2016 se inauguró el que hoy en día es el único volcán visitable de la península. Con el tiempo, y apoyados en buenas campañas promocionales, es de esperar que muchos otros dejen de ser siluetas anónimas para convertirse en relieves con nombre e identidad propias, toda una orografía de lavas dormidas que talló la sabia mano alfarera de la naturaleza: el Morrón de Villamayor, La Arzollosa en Piedrabuena, el Cerro de los Santos en Porzuna, el Cabezo del Rey en Poblete, el Columba junto a las aguas del Jabalón, La Yezosa en Almagro, el de Peñarroya en Alcolea, el Cerro Pelado en Ballesteros, la laguna volcánica de La Posadilla… Formas ondulantes de una orografía irrepetible, cerros erosionados que torneó el fuego, pulió el aire y esculpió la lluvia.

El Campo de Calatrava es una inmensa caldera magmática cuyos hornos recalentaron un suelo ya de por sí muy recalentado por el sol. Una singular orografía de cabezos, castillejos, maares, conos, hervideros, hoyas, negrizales y derrumbaderos de lapilli; ámbito plutoniano donde la geología decidió aposentar sus lagos hirvientes y donde las leyendas podrían haber situado las cuevas del Averno. Territorio del fuego donde la ceniza se transformó en un humus fértil sobre el que fructificaron las cosechas.

La heráldica de estos campos no está esculpida en escudos ni blasones, está grabada a lava y fuego sobre la cuarcita armoricana. Y en su calendario rocoso quedaron impresas las huellas de las batallas más antiguas: las que libró contra sí misma la propia naturaleza. Antes de que aprendiera a crecer la hierba, estos campos fueron un escenario apocalíptico de erupciones y fumarolas, de humaredas incandescentes y lluvias de ceniza.

Mucho antes que el Jabalón y el Guadiana, por estos campos discurrieron ríos de lava que después se enfriaron para que los futuros ríos de agua aprendieran a trazar sus cauces. Ríos de fuego que enseñaron a estos cielos a teñirse en el crepúsculo con los colores del bermellón y del cinabrio; ríos amarillos de azufre, de donde aprendieron su color el trigo y los oros de las eras.

Todo un patrimonio tallado por el lento desgaste de las eras geológicas, pero que se encuentra desprotegido ante la más devastadora de todas las erosiones, la que el hombre viene ejerciendo a lo largo del último siglo. La explotación masiva de los materiales piroclásticos, el uso de balastos para las redes ferroviarias y la actividad de las industrias cementeras, han ocasionado la destrucción total o parcial de numerosos edificios volcánicos y llevan camino de convertir estos paisajes en un cementerio de lavas muertas, en un erial de lomas saqueadas, en un paisaje lunar de cerros que han sucumbido bajo la acción de los barrenos y las máquinas excavadoras.

Los ecos de algunas páginas de *Más allá de la llanura* aún continúan resonando hoy, años después, con su acento más amargo y reivindicativo. Campo de Calatrava, bello paraíso esquilmado, tristes hormigoneras y negros filones de un botín que clama, con su grito mineral, a cielo abierto. Con la misma insaciable fuerza erosiva, con la misma codicia con que se talaron los encinares o se desangraron las minas, con la misma avaricia con que se excavaron pozos para absorber las aguas freáticas de los humedales, los ciegos intereses industriales han actuado también sobre estos parajes de lava, que no son un patrimonio de los hombres, sino un patrimonio de la tierra.

Un patrimonio que, sin embargo, sería justo y conveniente para nuestra región explotar turísticamente, y ya se han previsto centros de interpretación en Granátula, Aldea del Rey, Almadén, Almagro, Alcolea y Piedrabuena. Se han diseñado también una decena de georrutas que atraviesan maares, hervideros, volcanes y lagunas del Campo de Calatrava, rutas que están enmarcadas entre tres castillos muy emblemáticos: Calatrava la Vieja, Calatrava la Nueva y Alarcos.

Además, los itinerarios se han ampliado, más allá del Campo de Calatrava, hasta el entorno minero de Almadén, también declarado Patrimonio de la Humanidad por la UNESCO, y cuyas minas han proporcionado mercurio al mundo durante más de dos milenios. Se han ampliado, asimismo, al Carbonífero de Puertollano, declarado monumento natural por su alto valor paleográfico, casi cincuenta hectáreas que vienen a sumarse a la red de espacios protegidos de la provincia. El cinabrio, el carbón y la lava se han convertido, de este modo, en los tres materiales más valiosos y definidores de la identidad geológica de esta tierra.

Algunos de los lugares atravesados por esas georrutas se encuentran integrados dentro de otras rutas del Campo de Calatrava, de manera que el geoparque quizás llegue a convertirse en un eje vertebrador de todas ellas. Queda así configurada toda una red de caminos, una auténtica malla de pueblos, paisajes e itinerarios que se cruzan y se complementan, como veremos en el capítulo siguiente.

EN TORNO AL *TRENILLO* Y OTRAS RUTAS DEL CAMPO DE CALATRAVA

I

La ruta del antiguo *trenillo*, como ya hemos comprobado en capítulos anteriores, posee un indudable aroma báquico y bodeguero, pero tiene otras peculiaridades históricas, geológicas, paisajísticas y culturales no menos interesantes.

Por su privilegiada ubicación en el centro del Campo de Calatrava, su trazado coincide con otras rutas más conocidas, como la de don Quijote. Una ruta que, según afirma Félix Pillet en el libro *Paisajes culturales agrarios en Castilla-La Mancha*, es «un importante recurso literario, aunque mal explotado turísticamente». A lo largo de sus 2.500 kilómetros abarca muy distintos territorios, aunque no todos quijotescos. Una ruta tan extensa no podía sino acabar fagocitando a otros itinerarios, como los del *trenillo*, que son más o menos convergentes. Quizás ese poder de absorción de la ruta quijotesca ha contribuido a reforzar la idea, bastante extendida, de que La Mancha abarca no sólo la llanura geográfica, sino también otras regiones próximas que no son estrictamente manchegas.

Una variante de la ruta de don Quijote, más ajustada a los itinerarios novelescos, es la que se presentó en FITUR en el año 2017. Es más fiel al trazado de la novela porque se diseñó siguiendo dos mapas del siglo XVIII y se articuló en torno a las tres salidas que, partiendo siempre de Argamasilla, don Quijote realiza a lo largo de la obra. La primera de ellas abarca sólo cinco poblaciones, la segunda dieciocho y la tercera diecisiete.

Otra con la que coincide en algunos tramos es la Ruta Jacobea de los Calatravos, que siguiendo el recorrido de la Cañada Real Soriana traza antiguos caminos de pastoreo desde el Valle de Alcudia hasta Sigüenza, y desde ahí hacia tierras riojanas. Estos itinerarios, en algunos tramos, le dan a la ruta del *trenillo* un cierto empaque de peregrinación religiosa, ya que discurre junto a ermitas dignas de ser visitadas: la de la Virgen de Gracia de Puertollano, el santuario de la Virgen del Socorro en Argamasilla, la de Nuestra Señora del Valle en Aldea del Rey, la de El Salvador del Mundo en Calzada, la de Oreto y Zuqueca en Granátula, la monumental Virgen de la Soledad en Moral de Calatrava, y la de la Virgen de la Cabeza en Valdepeñas (casi todas ellas también incluidas en la Ruta Jacobea de los Calatravos).

La del *trenillo* coincide también, en buena parte, con la cinematográfica ruta Almodóvar, que atraviesa varias poblaciones relacionadas de algún modo con sus películas. El tren no llegaba hasta Almagro, que sin embargo es el más fotogénico de los pueblos calatraveños y, por ende, el más socorrido en los rodajes almodovarianos. Como homenaje a *La flor de mi secreto*, una gigantesca flor roja en medio de una rotonda pretende evocar escenarios donde tuvo lugar el rodaje de alguna de sus películas más genuinamente manchegas, tal es el caso de *Volver*.

Muy cerca de la ermita de la Virgen de Gracia, la ruta cinematográfica se inicia en Puertollano, en cuyo Auditorio Municipal una placa reza, muy pomposamente, que allí tuvo lugar el estreno internacional de la película *Volver*. Allí mismo, frente al vivo cromatismo de un mural de Okuda San Miguel, se levanta la escultura rectangular que recrea una cámara de cine.

Calzada, su pueblo natal, ha acogido sus últimos estrenos y es el centro neurálgico de la ruta cinematográfica. Frente a la ermita de El Salvador del Mundo, en el parque que lleva el nombre del cineasta, se alza un gigantesco balcón, con apariencia de escenario, que sirve como un rojo marco al paisaje del Campo de Calatrava. Esta escultura se encuentra, paradójicamente, en la misma explanada donde estuvo la antigua estación del *trenillo*, de la que no queda ni un solo rastro, ni siquiera un recuerdo conmemorativo. Pocos kilómetros más al norte, en el cementerio de Granátula se rodó el plano-secuencia inicial de *Volver*, y el gran zapato oxidado que se levanta en la plaza, frente a la iglesia de Santa Ana, parece evocar el film *Tacones lejanos*.

Hace ya casi una década fue declarada de interés turístico nacional la Ruta de la Pasión Calatrava, en la que están integradas diez poblaciones, entre ellas Aldea del Rey, Calzada, Granátula y Moral. Cada Semana Santa, por las calles de esos pueblos del Campo de Calatrava ondean peplos, túnicas y estandartes, se cimbrean los palios bordados de las vírgenes sobre los hombros de los costaleros, destellan los reflejos broncíneos de las armaduras y los vistosos penachos de los armaos; truena el aire con el estallido de las cornetas o con el estremecedor rugido de la bocina calzadeña. Las de Semana Santa son, por aquí, fiestas en las que conviven apaciblemente el fervor y el jolgorio, lo religioso y lo profano, las procesiones y los chiringuitos, los sermones y la *limoná,* las saetas y los botellines de cerveza...

Es en estas cuatro poblaciones citadas donde tienen lugar algunos de los acontecimientos más singulares de la Pasión Calatrava: el jueves, la representación de las escenas del Prendimiento, de especial relevancia en Aldea del Rey; los viernes, tras la procesión del Nazareno, el inusitado espectáculo callejero de los corros de *las caras* en Calzada; y el domingo, las «caracolas», vistosos desfiles espirales de los armaos en la plaza de Moral.

Y a todas esas rutas viene a superponerse ahora la más reciente, la del Geoparque, en la que quedan integrados casi todos los pueblos y parajes por donde discurría el ferrocarril. El gran interés geológico de la ruta del *trenillo* se debe, sobre todo, a la presencia de esos cerros volcánicos, maares, hoyas, hervideros y lagunas que han merecido la declaración de Geoparque por la Unesco. Un bien patrimonial que tan sólo debemos a la tierra, y que constituye la mayor singularidad de estos paisajes, por fin debidamente valorados. Para dar fe de ello ahí están, más o menos próximos al antiguo trazado ferroviario, elevándose con erosionada gallardía, volcanes como La Atalaya, Salvatierra, Columba, Cerro Gordo, Cuevas Negras…

Valdepeñas y Puertollano, alfa y omega del viejo ferrocarril, quedan geográficamente fuera del Campo de Calatrava. Sus tierras no son de naturaleza volcánica, sin embargo, la riqueza paleontológica y la larga tradición minera han llevado a integrar a la poderosa e industrial Puertollano dentro del Geoparque. Sus altos castilletes y su museo de la Minería son los elementos que mejor definen la historia, la tradición y las esencias de la ciudad, aunque hay otros museos como el Municipal (dedicado a la fotógrafa local Cristina García Rodero) o el Etnológico, que pueden servir como punto de partida para trazar, siguiendo los raíles de la memoria, una interesante ruta museística.

En Argamasilla de Calatrava hay un museo de aperos de labranza que muestra los vestigios de su pasado agrícola y minero, mientras que Calzada exhibe con orgullo el espacio cinematográfico Almodóvar, donde se exponen piezas de vestuario, cartelería y otros materiales de atrezzo vinculados a algunas de sus películas. Uno de los más completos museos etnográficos de la región se encuentra en Moral de Calatrava, y Granátula, por su parte, presume de la Casa Museo de Baldomero Espartero, en cuya fachada un gran cartel recuerda algunos de los cargos que desempeñó el ilustre personaje: «Príncipe de Vergara, Duque de la Victoria, Regente del reino de España, Ministro de la Guerra… ¡Y no quiso ser rey de España!».

Pero es Valdepeñas la ciudad con más tradición museística, y ya hemos citado anteriormente algunos de ellos, los relacionados con el vino. Además del Municipal, destaca el Museo Gregorio Prieto, que atesora en su edificio solariego del XVII más de cinco mil obras del pintor, con sus colecciones de arcángeles y palomas.

La ruta del *trenillo* nos permite también asomarnos a los ventanales de una historia que no es sólo la de nuestra comarca, sino la de toda la península. Una historia milenaria que abarca desde los primitivos pobladores ibéricos del Cerro de la Cabezas (siglo VI a. C.) al yacimiento arqueológico de la Encantada, en plena Edad del Bronce (siglo II a. C.). El cauce del Jabalón ha actuado siempre como una fecunda avenida por donde transitaron culturas que nos han dejado, escritas en piedra, las huellas de su paso. Más tarde los romanos establecieron aquí la capital de Oretania y de ellos nos queda el capricho arquitectónico del puente de Baebio (siglo II d. C.), que ha permanecido durante muchos años sumergido bajo las aguas del pantano.

Próxima a ese puente, en la margen izquierda, se puede contemplar la necrópolis visigoda de Oreto y Zuqueca (siglo VI d. C.), de cuyas entrañas han aflorado varios centenares de tumbas que evidencian la intensa ocupación a que estuvieron sometidos estos territorios. No encontraron reposo los cerros oretanos, hoy acosados por el fantasma de la despoblación. De la posterior dominación árabe y las continuas luchas fronterizas de moros y cristianos entre los siglos IX y XIII, conservamos dos monumentales fortalezas: los castillos de Salvatierra y Calatrava la Nueva.

Y siguió el lento transcurso de los siglos y otros países, en su afán de dominio, continuaron regando estos campos con su sangre. En una rotonda de la calle 6 de junio de Valdepeñas, la estatua de la Galana, una mujer fuerte y valiente, como suelen ser las mujeres de esta tierra, nos recuerda la figura de tantos héroes anónimos que, en 1808, combatieron contra el enemigo francés durante la Guerra de la Independencia.

En Granátula quedan testimonios de otros episodios de nuestra historia más reciente, que rememoran las guerras carlistas y la Regencia del general Espartero, cuya estatua ecuestre se alza en una rotonda próxima a su casa, hoy museo. De lo que no queda ningún rastro en Calzada de Calatrava es de uno de los más funestos episodios del carlismo, protagonizado por una partida de absolutistas que incendiaron la antigua iglesia de Santa María del Valle con más de doscientas personas dentro. Juan José García, autor también de una monumental biografía sobre Espartero, analizó minuciosamente aquel trágico suceso en su libro *La iglesia quemada*. Sólo las sombras de la ceniza y de la muerte gravitan sobre aquel templo desaparecido, en cuyo lugar se levanta hoy el cuartel de la Guardia Civil.

Buena parte de la historia del siglo XX, desde 1893 a 1963, pasó sobre los raíles de aquella vía férrea. Una historia sin héroes de renombre, pero que en cada viaje eran protagonistas de la vida cotidiana. Y esa historia modesta, anónima, escrita en letras minúsculas, pasó con sueños de epopeya sobre los tres puentes del Jabalón; puentes que acabaron sumergidos bajo las aguas del río, lo mismo que la Historia acaba siempre sumergida bajo las aguas del tiempo.

En la ruta del *trenillo* se aprecia cierta diversidad paisajística que es propia del Campo de Calatrava. Además de los volcanes, y tomando la presa del Jabalón como una línea divisoria entre dos territorios, se extienden hacia el este los cerros oretanos, con su orografía ondulada, y más allá la Sierra del Moral, sobre unas inmensas extensiones de viñas, cereales y olivares que van haciéndose cada vez más llanas según se avanza hacia Valdepeñas. Al suroeste se alzan los ásperos espinazos cuarcíticos de la Sierra de Calatrava, y más allá es posible toparse con ovejeros y vaquerías, evidenciando que la explotación ganadera es otro de los pilares sobre los que se sustenta la economía comarcal.

Saliendo de Calzada hacia Aldea del Rey puede contemplarse un espectáculo insólito junto al castillo de Calatrava la Nueva. Se trata de una formación montañosa, de líneas suaves, redondeadas, que nos ofrece un efecto visual sorprendente: el de *la mujer muerta*, una silueta a la que más adelante nos referiremos con mayor detenimiento. Y camino de Argamasilla de Calatrava se ven los restos abandonados de alguna explotación minera a cielo abierto, como la que se encuentra próxima al apartadero de Miró. A uno y otro lado, continuando hacia el oeste, predominan los encinares, los quejigos, las jaras y los verdes intensos de una vegetación de monte bajo.

En resumen, la ruta ofrece un escaparate esencial de los cuatro productos más característicos de nuestra tierra: queso, pan, vino y aceite, cuatro columnas que forman parte de la identidad provincial y que dan testimonio del itinerario comercial sobre el que quiso sustentarse el sentido y la dudosa rentabilidad de aquel lentísimo y romántico *trenillo*.

II
DE PUERTOLLANO A CALZADA

En 1903 fue inaugurada en Puertollano la estación del antiguo ferrocarril, que estuvo muy próxima a la ermita de la Virgen de Gracia. De sus tres muelles, sus dos cubatos para toma de agua y su carbonera para cincuenta mil kilos, apenas queda algún resto de piedra. Hoy los únicos recuerdos que evocan el antiguo trajín del carbón son el gran castillete del pozo norte, en mitad de una rotonda, y la colosal figura de nueve metros, en homenaje al minero, sobre el cerro de Santa Ana.

Dejando atrás la ermita, la ruta se inicia en un pinar y avanza durante un buen trecho en paralelo a las vías del AVE. A la derecha queda la angulosa escultura de José Noja, cuyas formas parecen desde aquí una armónica prolongación de las rocas sobre las que se asienta.

Es una extraña y singular panorámica la que se observa desde las alturas. Quedan a nuestras espaldas las calles y las casas rampantes de uno de los barrios altos de Puertollano y, mientras se atraviesa un olivar interminable, aparece abajo el castillete de hierro elevándose a más de 30 metro de altura. Pronto comienzan a hacerse visibles, laderas arriba, los taludes rojizos y los profundos socavones que delatan unas antiguas canteras.

Al pasar por una trinchera, la última de las pocas que atravesaba el *trenillo* a lo largo de su recorrido, algunos olivos equilibristas, encima de los terraplenes, se quedan como colgados sobre el vacío; los demás se encaraman casi hasta la cumbre, donde las crestas de cuarcita forman una larga muralla vertical.

Abajo, poco más allá de las negras franjas de balastos de las vías del AVE, se abre un antiestético paisaje dominado por los carteles publicitarios, los tejados de los

207

centros comerciales y los del polígono industrial. Frente a la verde quietud y la agreste verticalidad que se contempla mirando hacia arriba, hacia abajo se imponen la anchura, los trajines de la vida comercial, el estruendo del tráfico por la Avenida Ciudad Real. Y en medio, el ancho camino por donde discurría la vía férrea, que por aquí ve cumplido su sueño de convertirse en vía verde. Un camino que se abre entre los olivares y que actúa como línea divisoria entre dos mundos opuestos: por un lado, el ruido y el vértigo de la alta velocidad; por otro, unos territorios casi vírgenes donde el tiempo parece haberse detenido.

Poco a poco el camino y las vías del AVE van separándose y ya no volverán a cruzarse nunca. El AVE, en busca de la llanura, vira hacia el norte, que es el punto cardinal del progreso; pero el decimonónico *trenillo* buscaba Argamasilla de Calatrava para internarse después en las espesuras del monte. Avanzando siempre entre olivares, tras atravesar el túnel sobre el que cruza la carretera N-420, pronto comienzan a ser visibles los primeros edificios del pueblo. El camino, que parecía querer apartarse del tráfago industrial de Puertollano, de nuevo se topa con otro paisaje industrial, el del Polígono de El Cabezuelo, plagado de fábricas, talleres, hangares, torretas de una central eléctrica, incluso un helipuerto. Pero la antigua estación rabanera fue demolida y no ha quedado ni rastro de ella.

Hasta poco más allá de la urbanización Los Encinares, la vía verde del *trenillo* venía compartiendo camino con la GR 169 y con la ruta de don Quijote, ambas muy bien señalizadas. Esta última, tan fagocitadora de todos los demás caminos, continuará mostrando la punta verde de sus estacas por dondequiera que el caminante se mueva. En cuanto a la GR 169, se desviará hacia la ermita de la Virgen del Socorro para continuar su rumbo hacia el norte por la Ruta Jacobea de los Calatravos. Por el contrario, las vías del *trenillo* seguirán su camino hacia el este internándose, monte adentro, en parajes poco transitados.

A la derecha, los ojos agradecen algunas caprichosas formaciones de roca en las cumbres de esos montes cuyas faldas se dirían nevadas por las flores de jara. Como si pretendiera huir de todo rastro de civilización, el camino avanza por entre encinares adehesados, chaparrales y algunos olivares, hasta llegar a una zona, próxima al depósito de agua, donde unas vallas y portezuelas metálicas interrumpen el paso. Es preciso desviarse hacia el puente asfaltado que cruza sobre la variante, pero por el camino de la Higuera se llega enseguida a un tramo señalizado con postes de madera.

Se trata del tramo más pintoresco y mejor conservado de la ruta, ya que por fortuna aquí no llega más erosión que la de la propia naturaleza. Unas señales advierten que, salvo a bicicletas, está prohibido el tráfico rodado. A ambos lados pronto comienza a cerrarse sobre el camino un verdadero dosel de encinas, quejigos, enebros y matorrales que apenas permiten ver los campos de cereales o la amplia dehesa que se prolonga hacia las faldas del monte.

Las cunetas son un estallido de vivos colores primaverales, donde al verde dominante de la vegetación se superponen los blancos de las margaritas, el rojo de las amapolas, el amarillo de la retama o el malva de los crisantemos y las primeras cardenchas en flor. Tras un breve aunque intenso recorrido, el paso queda de nuevo interrumpido ante otras vallas metálicas, y durante varios kilómetros la marcha ha de seguirse por caminos alternativos, bordeando algunas fincas que son propiedad privada y que, en su momento, compraron los terrenos a Renfe: se trata de la Zarza, donde hubo un apeadero, el Frangil, el Baíllo y la Utrera.

Sólo al trasponer esta última finca, el camino recupera el trazado ferroviario a lo largo de unos territorios en los que el monte continúa siendo único protagonista. En algunos tramos, casi vírgenes aún a pesar del tiempo transcurrido, se conservan los balastos y las marcas dejadas en el suelo por los raíles y por las traviesas de madera de las vías. En otros tramos la vegetación se vuelve tan densa que los arbustos y chaparros hacen complicado el avance, aunque no llegan a impedirlo. Y hacia el sur, los cerros de la Sierra de Calatrava exhiben su verdor intenso, jalonado a veces por las vetas grises o negruzcas de las pedrizas.

Pronto se accede a una amplia pradera y el camino casi desaparece entre una alfombra de florecillas que parecen el manto blancoamarillento de una nevada sobre la hierba. No tardan en asomar, frente a los restos pedregosos de una cantera, la majada y el caserío de la finca El Rincón.

Poco más allá de unos paneles fotovoltaicos, casi ocultas por la maleza primaveral aún pueden verse las ruinas de lo que fue el apartadero de Miró, que estuvo destinado al tráfico de piedra basáltica. Del edificio apenas se mantienen en pie los paños laterales y su fachada frontal. Más adelante se accede a una zona de grandes socavones que se prolongan a lo largo de una amplia extensión de terreno. Los montículos de tierra y los hoyos poco profundos delatan el suelo ondulado característico de una antigua mina a cielo abierto, de la que sólo perviven altas paredes de roca de varios metros de altura y piedras de basalto amontonadas por doquier. Algunos de esos hoyos aparecen convertidos en escombreras.

Desde allí, en dirección norte, sobre un alto cerro se observa una caprichosa formación rocosa que traza en torno a la cumbre una línea circular, con sus escarpes cuarcíticos a manera de altas y vigorosas murallas. Y en el otro extremo, hacia el sur, destacan las crestas no menos imponentes de la Sierra de Calatrava.

El camino avanza como indeciso, en un zigzagueo que unas veces lo aproxima hacia la carretera y otras lo aleja de ella. Por fin, en uno de sus giros hacia el sur, se inicia una larga recta donde los macizos de flores estallan en las cunetas. Más adelante cobran protagonismo unos olivares que se encaraman laderas arriba y, en algunos tramos, los arbustos, las jaras y algunas coscojas entremezcladas con los olivos producen una rara sensación boscosa.

Al salir de una curva, muy próxima a la entrada de la finca El Berrocal, nos topamos con los restos ruinosos de una de las casillas de operarios (la número 9 concretamente) casi invadida por la maleza y de la que sólo quedan en pie la fachada sur y dos paños laterales. Fueron trece en total las casillas que se construyeron como viviendas, donde dos operarios con sus respectivas familias se encargaban del mantenimiento de la red ferroviaria. Y desde allí, poco más abajo, se ve un puentecillo de piedra y ladrillos sobre el cauce seco de una pequeña rambla.

Traspasada la cancela que sale de la finca El Berrocal, cambia radicalmente el paisaje, desaparecen los olivares y la vegetación se adueña del monte entre chaparros, robles y retama. Pero traspasada la segunda cancela, los arbustos y matorrales desaparecen para dar paso a extensas hazas recién roturadas, cuya tierra entre rojiza y negruzca se extiende laderas arriba y laderas abajo.

El camino va virando muy lentamente hacia el sur, dejando al noreste, a lo lejos, Aldea del Rey. Desde esta altiplanicie, mientras se atraviesa una trinchera de baja altura excavada en las rocas, se inicia un nuevo tramo muy bien acondicionado con docenas de arbolillos jóvenes a ambos lados, la mayoría secos. Al fondo, en la lejanía, se perfilan las redondeadas formas de los cerros oretanos y hacia el sur La Atalaya calzadeña, que desde aquí parece superponerse a otra cumbre, la del pico Morrón, cuyo relieve, forma y altura se dirían muy similares. Contempladas desde aquí, ambas montañas parecen el original y su sombra. Aunque parezca mentira, este pico que desde aquí se ve como una réplica de La Atalaya, contemplado desde Calzada tiene la apariencia puntiaguda de unos pies, que forman parte de la silueta de *la mujer muerta*.

Tras el edificio abandonado de una finca nos topamos con la estación de Aldea del Rey (que también se llamó de Hernán Muñoz o El Cortijillo), en estado ruinoso, aunque aún conserva su fachada frontal con sus tres ventanales y una buena parte del tejado. Cruzada la carretera, junto a un puentecillo, dos frondosos árboles, como un retorcido pórtico vegetal, anuncian que se inicia el camino hacia Calzada. A mitad del trayecto, muy cerca de un pequeño arroyuelo, surgen las ruinas de otra casilla, la número 7, llamada de Martín Malo.

Y desde allí, a medida que se avanza, la vista puede recrearse en uno de esos prodigiosos espectáculos que de vez en cuando nos proporcionan, hermanadas, la historia y la geología: por un lado, La Atalaya; por otro, los castillos de Salvatierra y Calatrava la Nueva. Y para completar la imagen de este horizonte mágico, las redondeadas cumbres de la Sierra de Calatrava irán sucediéndose hasta componer la figura de la mujer muerta, cuya cabeza reclinada está muy bien delineada por el cerro Mesto. Su ladera sur simula una larga cabellera derramándose sobre las murallas de Calatrava la Nueva, que poco a poco van haciéndose visibles.

Recto entre los olivares, poco antes de Sacristanía el camino gira a la izquierda para dirigirse, siempre en paralelo a la carretera, hacia Calzada. Por el carreterín asfaltado que bordea el polígono, arrastrado por sus locomotoras Calatrava, Bélgica o Asturias, lanzando al aire sus bolliscas y sus silbidos frente a la ermita de El Salvador del Mundo, el *trenillo* entraría lento y ruidoso, casi con orgullo, en la antigua estación. Sin embargo, salvo algunos nebulosos recuerdos, nada queda de su edificio de dos plantas, de su carbonera, de sus dos muelles de carga y descarga, de sus raíles, de su gigantesco depósito de agua.

Cuando en 1965 fue desmantelada la estación, para los muchachos del pueblo, sobre todo para los de la calle Ancha, sus ruinas comenzaron a convertirse en uno de los escenarios favoritos de nuestros sueños aventureros y nuestros juegos infantiles.

III
DE CALZADA A VALDEPEÑAS

En Calzada ya no queda rastro de aquella estación, ni siquiera un panel conmemorativo. Pero esa memoria del *trenillo* no sólo ha sido borrada de allí, sino también de casi todo el término municipal calzadeño. A la salida del que hoy es parque Pedro Almodóvar aún pueden verse, entre hierbajos, los únicos vestigios de piedra de lo que fue uno de los muelles de carga. Pero poco más adelante el rastro se pierde.

A la salida del pueblo, por donde antaño discurrieron las vías, discurre ahora una gigantesca tubería de desagüe que va a verter sus aguas fecales al arroyo Sequillo, justo en el lugar donde estuvo el Puente de Hierro. De aquel puente sólo queda la memoria de sus taludes; las piedras de sus pilastras fueron empleadas para el cerramiento de la ermita del Salvador del Mundo. Paradójicamente, el cauce de agua, vino y aceite que el *trenillo* transportaba en sus vagones se ha transformado aquí en la corriente de una cloaca.

A partir de ahí, la huella de las vías desaparece en medio de un paisaje que deja a su izquierda restos de albercas inútiles y norias muertas. El tren avanzaba en paralelo a la carretera de Granátula, pero apenas queda señal de que ese trazado de hierro existió. La única reliquia que sobrevive, pasado el muro de la variante, son unos terraplenes que, entre el asfalto y los campos de cereales, parecen un espinazo de tierra que se estira hasta llegar a las ruinas de un puente. Sólo quedan en pie los dos machones de piedra sobre los que las vías salvaban el leve cauce de una cañada. Estos dos muros casi triangulares, que se elevan como un solitario monumento al vacío, son el último vestigio del *trenillo* por territorio calzadeño.

Después su rastro se desvanece por entre fincas particulares y campos de cultivo, de ahí que la ruta haya de seguirse unos kilómetros por la carretera hasta poco antes de la presa, hasta un ancho camino que, dejando a la izquierda el volcán Columba, gira en dirección a la ermita de Oreto y Zuqueca. Este camino, en circunstancias normales, sería la única vía posible de acceso a la antigua estación de Granátula, que se encuentra en la ribera opuesta del Jabalón. Pero debido a la larga sequía, hace años que el pantano puede atravesarse a pie.

Desde el camino se divisan unas construcciones de piedra que han permanecido sumergidas durante décadas y, aunque no resulta fácil porque el lecho del pantano está lleno de broza, carrizos y junqueras, es posible llegar caminando hasta allí. Pronto se comprueba que se trata de los restos de los tres puentes por donde el *trenillo* atravesaba el Jabalón con dirección a la estación de Granátula.

A pie, aunque salvando la dificultad de la maleza y los cañaverales secos, se puede recorrer el trazado en diagonal por donde las vías cruzaban hasta la ribera norte del río, incluso se puede caminar por los terraplenes y los montículos de tierra que conectaban los tres puentes que fueron necesarios para salvar el cauce y los diversos brazos del Jabalón. Hoy todos ellos se alzan como islotes en medio de la nada. De los machones de alguno de esos puentes, que se han conservado intactos bajo las aguas, se extrajeron los sillares con los que se construyó, en 1993, el garboso arco de la plaza de Granátula, junto a la iglesia de Santa Ana.

La ruta ferroviaria continúa siendo aún reconocible más adelante. Poco más allá del último puente, un largo terraplén, casi camuflado por la maleza, conduce hacia la otra orilla, aunque antes es preciso atravesar una trinchera excavada entre rocas. Al otro lado, la vista se tropieza con la caseta de madera de un observatorio aviar y, aunque este último tramo tiene aspecto de no haber sido hollado en mucho tiempo, es posible llegar sin demasiados riesgos hasta la estación de Granátula, alejada unos cuatro kilómetros del pueblo.

Su estado de conservación exterior no es malo, y a ello quizás haya contribuido el hecho de que sus puertas y ventanas han permanecido tapiadas con ladrillos. Pero por la única ventana que hay entreabierta pueden verse las dependencias interiores, ya muy deterioradas, así como la chimenea y la cubierta de madera del techo en estado casi ruinoso. Desde allí se divisan, en la otra orilla, la ermita y el yacimiento arqueológico de Oreto y Zuqueca, como amparados bajo la titánica silueta del cerro Oretum. Y muy cerca, a consecuencia de la sequía, se ha hecho visible, como un milagro entre los carrizos, el elegante puente romano de Baebio, con sus arcos un tanto desvencijados y casi cubiertos por la vegetación, pero desafiando al tiempo y a toda clase de erosiones después de dos milenios.

Desde la estación, continuando el viaje hacia el este, se inicia la larga y monótona recta de un camino flanqueado por interminables campos de vides. El caserío de El Tomillar, con su fachada de cal y sus zócalos añiles, contrasta con los terrosos colores circundantes y, sobre todo, con el verde temprano de las vides, a las que empiezan a brotar sus primeras hojas.

Este camino hacia Moral, que avanza en paralelo al cauce del Jabalón, no coincide exactamente en todos su tramos con el antiguo trazado de las vías, si bien discurre próximo a ellas. El trazado ferroviario fue absorbido por los inmensos viñedos, y sólo el río podría dar ya testimonio de que por aquí pasaron, lentas y humeantes, las locomotoras del tren. Pero el río también se secó. El río ahora apenas es un confuso y erizado lecho de cañas y carrizos, señalizado por una larga hilera de álamos.

Llegados a una encrucijada de caminos, frente a las ruinas de una antigua tejera, una señal de madera indica la dirección hacia la GR 169, la ruta Jacobea de los Calatravos que viene desde la ermita de la Virgen del Socorro de Argamasilla hasta la de Zuqueca; pero la ruta que el *trenillo* seguía no era religiosa ni turística, era más bien comercial, de ahí que dejando los derruidos muros de la tejera a su izquierda, el camino continúe entre viñas y algún que otro olivar, siempre adelante hacia Montanchuelos.

Llegados a otro cruce de caminos, en el lugar donde estuvo la antigua estación de Montanchuelos no queda

recuerdo alguno de la misma. Tan sólo dos grandes pe-
druscos, bajo un olivo, parecen mudos testigos del trajín
de carga y descarga que hubo entre la estación y el caserío
de Pedro Ortiz de Zárate. Bajando por el camino que desciende hacia el Jabalón, se ven enfrente, al otro lado del
río, las casas de la finca. Para trasladar sus mercancías a
la estación construyeron un puente ya desaparecido, aunque
todavía hoy, medio ocultos entre la maleza, pueden verse
unos restos de los pretiles ruinosos de aquel puente.

De regreso al lugar donde estuvo la estación de Montanchuelos, el camino comienza a distanciarse del río y avanza
hacia los cerros grises de la Sierra del Moral, desde cuyas
cumbres las aspas de los molinos eólicos rasgan el azul
puro del cielo. A uno y otro lado se suceden olivares que
van haciéndose dueños del paisaje. De cuando en cuando
alguna viña, algún campo de cereales donde las amapolas
desangran su roja fugacidad; pero en estos campos mora-
leños los olivos entonan su dominante canción aceitunera
a lo largo de varios kilómetros. Olivos jóvenes y vetustos,
algunos recién podados, con montones de ramoniza dispues-
tos para la hoguera. A lo lejos se escucha el rugido de una
aserradora en plena faena de escamocho.

Moral de Calatrava ha perdido también la memoria del
trenillo, aunque no completamente. Su estación, similar a
la de Calzada, fue demolida y tampoco queda rastro de sus
dos muelles o su depósito de agua. Sin embargo, ha sabido
mantener su recuerdo, al menos, a través de los nombres.
Siguiendo el antiguo trazado, se entra en el pueblo a través de la llamada Ronda del Trenillo, y en el lugar donde
estuvo la estación se conserva una plaza rectangular cuyo
nombre, La Estación (donde también hay un bar del mismo
nombre), pone de manifiesto que en este pueblo, aunque se
hayan desvanecido los vestigios del tren, ha sobrevivido al
menos su memoria verbal.

Un camino flanqueado de cipreses sale desde allí en
dirección a Valdepeñas. Durante un buen trecho la ruta va
paralela a la carretera, por entre paisajes donde se suceden
olivares monótonos y viñas verdeantes. A pocos kilómetros

vuelve a aparecer, casi por sorpresa, una estrecha y modesta reguera del alto Jabalón, seco pero intensamente verde. Hay allí un puentecillo y, junto a él, unas ruinas que son los restos de la Gredera, antiguo apeadero donde se cargaba la greda que le dio su nombre. Hubo también allí un balneario, con su pozo de aguas termales, de lo cual no queda en pie más que un montón de escombros entre los que apenas son reconocibles los ladrillos de algún muro.

A partir de ahí, mientras más allá de la carretera las lomas de la sierra van haciéndose más suaves, se suceden con mayor frecuencia los majuelos. Los liños infinitos de los viñedos anuncian que se encuentra próxima la patria del vino, con su ilimitado horizonte de pámpanas, su verde Mediterráneo de cepas, el *vinoso ponto* de la llanura manchega.

El camino desaparece al llegar a Valdepeñas. A partir de una rotonda en cuyo centro se alza una tinaja, se abre una explanada por donde el trenillo, siempre en paralelo a la carretera, entraría al pueblo con la iglesia al fondo. Hoy la vista choca contra los taludes sobre los que discurre la autovía de Andalucía. Pero al otro lado de ese puente, por donde cruza la carretera de Moral, a pocos metros aún puede encontrarse el último rastro de la vía férrea. Se trata de un túnel (el único que hubo en todo su recorrido) hoy tapado con tierra hasta su mitad, donde los conejos han excavado sus madrigueras. A la salida del túnel aún parece perfilarse sobre el suelo la huella de las vías, pero se pierde definitivamente ante unos talleres.

Nada se hallará, poco más adelante, de su antigua estación, donde estuvo la oficina general de la Compañía. Pero ese túnel bajo la N-IV, lodado a medias, quizás viene a ser como un símbolo de su destino. La vía férrea, con todos sus puentes, sus estaciones, sus trincheras y su único túnel, quedó enterrada por el tiempo, aunque no por completo. Los escasos restos que han sobrevivido son como signos con los que el *trenillo*, desde su mundo extinguido, parece enviarnos el mensaje de un sueño que aún podría cumplirse: el de ver su ruta, en algunos de sus tramos, convertida en una vía verde a lo largo del Campo de Calatrava.

UN LUGAR HACIA EL SUR

CAMPANAS EN UN TIEMPO
DE SILENCIO

La campana de la torre del ayuntamiento calzadeño, solitaria en su elegante campanario decimonónico, suena como desorientada durante estos días de marzo. Sus tañidos se desploman, lentos y graves, sobre los tejados igual que pájaros que hubieran perdido su costumbre de volar. O quizá los desorientados somos nosotros, los que nos paramos a escuchar esas horas perezosas, esas campanadas inútiles, vacías, que parecen sonar para nada y para nadie, porque hemos entrado de pronto en una dimensión nueva y desconocida del tiempo. Una dimensión extraña donde las mañanas, las tardes y las noches no parecen tener otro objetivo que el de la espera y la supervivencia.

Jamás, ni en la peor de nuestras pesadillas, podríamos haber imaginado que, tras el jolgorio carnavalesco, vendría un aislamiento casi monacal. Ni que después de quemar la sardina en las plazas de los pueblos, en este país habría que programar a su máxima potencia los crematorios. Ni tampoco que pasaríamos de los disfraces a los pijamas, de las máscaras a las mascarillas, del estruendo de las verbenas a un silencio sobrecogedor tan sólo interrumpido por el redoblar de las campanas.

Aunque acaba de empezar la primavera, nunca ha tenido esa campana calzadeña un tañido más invernal y melancólico, como si su bronce también fuera consciente de que el aire, habitualmente limpio y luminoso, ahora se encuentra emponzoñado; y esa ponzoña contagiosa actúa como un filtro que distorsiona no sólo su voz sino también nuestras voces, que ya no suenan como antes, que ahora, puertas adentro y enclaustradas, adquieren un raro timbre entre la incredulidad, el cansancio y el miedo.

Ahí, en el exterior, entre los setos de la calle Ancha, comienzan a colorearse los primeros pétalos de los rosales. Más allá de las últimas casas, las cunetas y los acirates de los caminos se van poblando de margaritas, de cantueso, de cardenchas en flor. Aún más allá, entre el verde intenso de las mieses, han florecido amapolas. Y mientras la primavera se adueña del campo con su lujurioso estallido de verdes, amarillos, rojos y malvas, las calles del pueblo permanecen sumidas en un cromatismo grisáceo y desamparado.

El redoble de las campanas se ha vuelto siniestro y oscuro, con una resonancia que tiene algo de toque de queda, algo de advertencia y amenaza. Sus ecos lúgubres se propagan por calles vacías, por esquinas desiertas, por aceras recién fumigadas, por plazas y parques que se dirían arrasados por alguna plaga apocalíptica. Su sonido insistente rebota contra las puertas cerradas de los bares, contra los escaparates de las tiendas clausuradas, contra las ventanas y los balcones que tan sólo se abren hacia el interior angustiado de las casas. Sólo la cruz parpadeante de las farmacias brilla como una vaga señal de vida, como si sus verdes latidos de neón anunciaran alguna rendija de esperanza.

En estas interminables noches en que la bocina debería recorrer las calles recordándonos, con su ronco lamento, que atravesamos los cuarenta días de la Cuaresma, las campanas se han convertido en uno de los pocos sonidos que se escuchan en el pueblo. De cuando en cuando se oyen los ladridos desconcertados de algún perro o los vehículos de la Policía Municipal y de la Guardia Civil, que van y vienen haciendo su absurda ronda por unas calles que nunca estuvieron más deshabitadas.

Se escucha también, en estos días, el coche de Protección Civil pregonando por megafonía la «Salve» dedicada a la Virgen de la Esperanza o los rezos del vía crucis del Miércoles Santo; y también resuenan, en el pavoroso silencio de la plaza, los ecos de una trompeta que, desde un balcón y al borde del amanecer, alguien toca vestido con túnica de nazareno. Y es que, aunque temporalmente haya dejado de tener sentido el calendario, este pueblo se niega a que caigan en el olvido tradiciones tan señaladas como la del Jueves de Dolores, la procesión del silencio o la de Jesús Nazareno.

Doblan también, con demasiada frecuencia, las campanas de la iglesia anunciando, en un parte siniestro, que se van acumulando los muertos, unos muertos a los que se les ha usurpado el derecho a un velatorio o a un entierro digno. Pero, sobre todo, se oye puntual e impasible esa campana del ayuntamiento, cuyos tañidos parecen hablarnos de otra cuarentena mucho más turbadora que la de la Cuaresma: la que se vive de puertas adentro, la que sobrellevamos luchando contra nuestros propios hábitos y contra nuestras rutinas; la que nos enfrenta, al mismo tiempo, a nuestra fragilidad y a nuestro más insospechado heroísmo. Una cuarentena de dimensiones casi bíblicas que pone a prueba nuestra capacidad de resistencia enfrentándonos, incomprensiblemente, a un tiempo de penitencia y horror, de reclusión y silencio.

Luis Martín Santos escribió sólo dos novelas cuyos títulos (*Tiempo de silencio* y *Tiempo de destrucción*), releídos bajo la luz de estos días aciagos, nos parecen proféticos. En el monólogo final de la primera de ellas encontramos al protagonista advirtiendo que «estamos en el tiempo de la anestesia, estamos en el tiempo en que la cosas hacen poco ruido. La bomba no mata con el ruido sino con la radiación alfa que es (en sí) silenciosa, o con los rayos de deutones, o con los rayos gamma o con los rayos cósmicos, todos los cuales son más silenciosos que un garrotazo… Es un tiempo de silencio».

A todas estas formas de devastación callada debería haber añadido Martín Santos el efecto no menos devastador de los virus, esa otra amenaza silenciosa (y también de destrucción masiva) a la que, sospechosamente y cada vez con mayor frecuencia, venimos enfrentándonos.

Pero la vida –dicen– siempre se abre camino. Y el tañido de esa solitaria campana parece también anunciarnos que el antídoto más eficaz no saldrá de los laboratorios, sino del interior de cada uno de nosotros. Un antídoto que aún no tiene nombre y para el que convendría buscar una palabra que designe, al mismo tiempo, la espera y la esperanza.

MÁS ALLÁ DEL PUERTO
DE CALATRAVA

El puerto de Calatrava es un territorio fronterizo. Ese trozo de horizonte, con sus relieves mágicos, era para nosotros, cuando lo mirábamos antaño desde las eras del pueblo, una sinuosa línea azulada más allá de la cual se abría un mundo ajeno y desconocido que olía a las brisas del sur. La carretera divide los términos municipales de Aldea del Rey y Calzada, dejando a un lado, hacia el norte, dos monumentos creados por la historia y por la geología: el castillo de Calatrava la Nueva y la Mojina; hacia el sur, las ruinas de Salvatierra y el macizo de La Atalaya. Cuatro guardianes que se elevan majestuosos en la Sierra de Calatrava, centinelas eternos de la luz y el sueño de estos campos.

Atravesar esa barrera amurallada siempre me ha producido una emoción especial, como si se tratara de una gran puerta abierta hacia el misterio, una puerta flanqueada por las dos fortalezas, que son como dos jambas sobre las cuales parece sostenerse el dintel de la luz. Sin embargo, una vez atravesado ese dintel, se desvanecía todo el misterio y el paisaje dejaba de ser monumental para adquirir una apariencia más humilde, sobre todo al atravesar Belvís y la Alameda, dos pequeñas pedanías de Villanueva de San Carlos, pueblo no menos humilde que apenas cuenta ya con tres centenares de habitantes.

Un camino rural muy anchuroso, en dirección hacia la sierra, sale desde Villanueva de San Carlos, lugar al que por estos contornos conocen todos con el sobrenombre de El Pardillo. A uno y otro lado, las vaquerías, los pilones de agua y las plantaciones de avena delatan la vocación ganadera del municipio. Después de atravesar un puente sobre el que discurría la vía férrea hacia Marmolejo, cuya construcción quedó inconclusa tras la guerra, se cruza uno de esos modestos puentecillos, sin arcos y sin pretiles, que el Ojailén tiene en esta parte baja de su curso; poco más tarde comienza a empinarse el camino entre quejigos, chaparros y curvas con rampas cada vez más escarpadas.

Muchas vueltas y revueltas después, el camino concluye junto a unos peñascos situados al norte de un pico que llaman el Peñón de los Pájaros. Desde allí puede contemplarse una insólita panorámica que se vuelve mucho más agreste hacia el sur. Más allá de los primeros riscos se van superponiendo en primer plano los relieves azulados de la Sierra de Puertollano, en una danza de cumbres que se alejan hacia los horizontes jienenses de Sierra Morena. Al oeste, se divisan los parajes adehesados del Valle de Alcudia, rematados al fondo por el macizo montañoso de Sierra Madrona, y a lo lejos, casi mimetizadas con los ocres del terreno, las casas de Mestanza.

Hacia el norte, en extraño contraste con este entorno dominado por la naturaleza, al pie de unas colinas se ven las chimeneas y los tanques del complejo petroquímico; y siguiendo hacia el este las líneas erosionadas de la Sierra de Calatrava, destacan los cuatro gigantescos rectángulos negros de unas placas fotovoltaicas. Su brillo de obsidiana y sus agresivas líneas rectas rompen la suave asimetría de los relieves montañosos y las hazas diseminadas a lo largo de la extensa planicie.

Poco más hacia el este sobresale la alargada cumbre de la Mojina. Su relieve da inicio a un mágico trazado de líneas curvas que van a confluir en el cerro Alacranejo, sobre cuya cima cuesta reconocer, debido a la distancia, las murallas del castillo de Calatrava la Nueva.

Pero lo más sorprendente de esta panorámica es que desde aquí puede reconocerse parcialmente la figura de la mujer muerta, aunque sólo desde la cintura hasta la cabeza, con su larga cabellera derramada hacia el valle. La estampa no es tan completa y precisa como la que se observa desde Calzada, pero no es menos sugerente. Vistas desde uno u otro lado, las dos siluetas presentan un aspecto similar, aunque con una diferencia esencial: desde el lado calzadeño, la cabeza de la mujer está trazada por las líneas del cerro Mesto, mientras que desde este lado de poniente los trazos de la cabeza corresponden al cerro Alacranejo.

Al otro lado del valle por donde cruza la carretera hacia Calzada, también es reconocible el peñón donde se asientan las ruinas de Salvatierra, en mitad de la ladera del macizo volcánico de La Atalaya, cuya cumbre, a 1.118 metros de altitud, se alza con menor gallardía que cuando se contempla desde Calzada.

En los alrededores de este insólito mirador hay dos cuevas muy singulares, aunque no es fácil el acceso a ninguna de ellas. No existen trochas abiertas en ninguna de las dos direcciones porque se trata de vericuetos poco transitados, por donde el avance se hace dificultoso entre arbustos, ramas secas de árboles caídos y pendientes pedregosas. A un lado se levantan riscos y altos roquedales de piedra que en algunos tramos se convierten en auténticas paredes verticales; al otro lado, entre matorrales, abundan los enebros y los agracejos. La fuente de la Tinajuela, medio oculta por la rama de un enebro, es en realidad un aljibe donde se filtra el agua de la lluvia. Está tallada sobre un alto paredón rocoso y lo más llamativo es la abertura circular de su boca, donde suelen bajar a beber los animales del monte.

A poca distancia de allí, entre roquedas cuarcíticas, se encuentra la otra cueva, que es una estrecha hendidura abierta entre dos enormes paredones rocosos. Según uno de los lugareños, Inocente Gómez, pardillano que actúa como improvisado guía a lo largo de todo el recorrido, la llaman la fuente del Toro porque, al parecer, una vez entró allí un morlaco a beber, aunque dada la angostura de su entrada cuesta creerlo. Es profunda y muy estrecha en su primer tramo, pero va ensanchándose a medida que se avanza hacia el fondo, y al final de la galería también hay un gran charco de agua. A pesar de su nombre, más bien debería llamarse cueva de los mosquitos porque son ellos, agrupados en ingentes colonias, sus únicos residentes.

Puerto de Calatrava, puerta monumental y fronteriza siempre abierta hacia paisajes que miran al sur; puerta de los atardeceres, por donde un río cargado de la luz de poniente, el Ojailén, decidió dirigir sus aguas hacia el Guadalquivir.

UN HORIZONTE DE ESPEJISMOS

Mirando hacia el oeste desde cualquier lugar de los alrededores de Calzada, más allá de Sacristanía, a poco más de una legua se abre un decorado de fantasía, un escenario amurallado que parece diseñado a mitad de camino entre la geología, la historia, la épica, la literatura y la leyenda. Curiosamente, el espectáculo no es visible desde Aldea del Rey, pese a que algunos de los relieves montañosos se encuentran alineados dentro de su término municipal.

Mirando hacia allí desde distintos ángulos y a distintas horas, se comprueba que el horizonte es un escenario vivo y cambiante. Siguiendo los relieves de la Sierra de Calatrava, cuyas líneas convergen en los dos castillos, hay siluetas que desaparecen o se transforman según la perspectiva desde la que se contemplen, creando la sensación de un espacio dinámico donde los caprichos de la geología permiten a la imaginación volar en libertad.

Cuando se entra por las carreteras de Ciudad Real o de Granátula, no son visibles ninguno de los dos castillos: uno, el de Calatrava la Nueva, porque se encuentra oculto tras el colosal cerro Mesto; el otro, el de Salvatierra, porque aparece fundido o mimetizado con el volcán del mismo nombre. Pero desde tal perspectiva, el protagonismo lo adquiere la mole pleistocénica de La Atalaya, el volcán más elevado del Campo de Calatrava, formidable muralla natural que, desde los 1.118 metros de su cumbre, se alarga casi horizontalmente en una especie de abrazo protector hacia los paisajes de su entorno.

Si se fuerza la imaginación, el macizo de La Atalaya tiene cierto parecido con dos gigantescas alas desplegadas de un águila sin cabeza, cuyo cuello está constituido por el recio y amarillento cono volcánico. De hecho, la forma de

la montaña recuerda vagamente a la constelación del Águila, que con su estrella más brillante, Altair, brilla esplendorosa en los cielos de verano sobre el Campo de Calatrava. Este monumental pajarraco geológico se encuentra descabezado, pero tiene garras, pues las altas hileras de roca cuarcítica que a modo de estrías descienden paralelas por su vertiente sur, producen desde lejos el efecto de unas enormes y poderosas garras.

A medida que, por cualquiera de las carreteras del norte, nos aproximamos al pueblo, los dos castillos van haciéndose visibles y poco a poco sus siluetas adquieren una dimensión monumental. Surge en primer lugar el peñón donde se encuentra enclavado Salvatierra, y después, muy despacio, casi pudorosamente, va descubriendo Calatrava la Nueva sus altivas murallas. Pero lo más sorprendente de esta panorámica es que, según los ángulos donde uno se sitúe, los juegos de luces y sombras, sobre todo al atardecer, producen sorprendentes efectos visuales. Las líneas curvas que rodean a los dos castillos trazan extrañas siluetas en un horizonte que se diría cuajado de espejismos.

La parte más septentrional del macizo de La Atalaya, conformada por el volcán Salvatierra, adquiere la apariencia de un gigantesco cetáceo, en cuyo extremo se levanta, a modo de cola, la fortaleza de Salvatierra. Unas rocas, erizadas sobre la cumbre del monte, producen el efecto de unas enormes aletas dorsales, mientras que el tajo gris de una pedriza, hacia la mitad de la ladera, simula las monstruosas fauces de la ballena. Los restos ruinosos del fortín de los Cristianos parecen también, desde ciertos ángulos, otra aleta inferior del animal. Para completar este admirable espejismo geológico, unas rocas situadas por encima de la enorme boca entreabierta simulan un gran ojo abierto y vigilante.

Al caer la tarde, parece materializarse sobre el horizonte calzadeño la bíblica figura del Leviatán, envuelta en un mar de nubes que imitan las formas densas y espumeantes de un encrespado oleaje.

Durante el crepúsculo, cuando las primeras sombras comienzan a envolver el paisaje, puede contemplarse una imagen aún más sorprendente: la de un gigantesco murciélago cuya cabeza está configurada por el castillo de Salvatierra. Por el efecto ascendente y descendente de las líneas de los cerros próximos a la fortaleza, de su cabeza salen unas enormes alas desplegadas a punto de extenderse sobre el pueblo y sus alrededores. A medida que va cayendo la noche, las alas gigantescas de esa figura ofrecen una estampa inquietante y amenazadora.

Pero la verdadera protagonista de este horizonte de prodigios es la silueta yacente de una mujer, tal vez muerta o tal vez sólo dormida, que puede contemplarse desde cualquiera de los caminos que circundan el pueblo en una u otra dirección. No son raros a lo largo de la geografía española ejemplos similares, y muy conocida es la mujer muerta de la Sierra de Guadarrama, en Segovia, dotada de su propia leyenda. Pero esta formación de la Sierra de Calatrava posee sus peculiaridades; además, su enclave excepcional, junto a los dos castillos, la hacen única e irrepetible.

No es preciso forzar mucho la imaginación para reconocer su anatomía completa, sólida y compacta, que se alarga por las cumbres en formas redondeadas y suaves. Mirando hacia la derecha del castillo de Calatrava la Nueva, se ve la cónica figura del cerro Mesto actuando como cabeza. Las líneas de su pendiente norte trazan los rasgos, algo desfigurados, del rostro, mientras que la ladera sur produce el efecto de una larga cabellera que se derrama hacia las murallas del castillo. Desde algunos lugares situados más al sur, por ejemplo desde los caminos de las Peñuelas o de Fuente del Moral (ahora señalizados como ruta PRCR 61), una de las peladas colinas inferiores y de menor altitud, el cerro de San Juan, se asemeja a un gran almohadón sobre el que reposa la cabeza.

A la derecha del Mesto, las erosionadas y alargadas cumbres de los cerros próximos componen el resto de ese cuerpo tallado por el mágico cincel de la geología: en primer lugar la curvatura del pecho, dibujado por los relieves del cerro Aljibe Llano; después la cintura, el vientre ligeramente hinchado y, por fin, en un prolongado declive descendente, las piernas alargándose hasta concluir en el pico Morrón, que hace las veces de pies.

A mediados de octubre, el sol se pone exactamente sobre el vientre de esta figura de piedra y, como si se produjera algún extraño alumbramiento, un halo de luz dorada se eleva sobre la curva cóncava del vientre, mientras los arreboles crepusculares van tiñendo la silueta femenina de un color trágico y sangriento. Durante las tardes del otoño, sobre todo en noviembre, las puestas de sol inciden sobre distintas zonas de la figura yacente, de modo que las múltiples tonalidades de púrpuras, violetas y amarillos convierten los atardeceres en un singular espectáculo cromático.

Según el ángulo desde donde se contemple, esta mujer adquiere unos u otros relieves y matices. Desde el este, partiendo del cruce con la carretera de El Viso y siguiendo por el camino que discurre paralelo a la variante, se puede divisar una imagen sugerente y sobrecogedora. Desde allí, el cuerpo de la mujer aparece situado sobre el cementerio, cuyas blancas paredes actúan como un inmenso ataúd. En verdad resulta turbadora esa imagen, con la cabeza reclinada sobre uno de los extremos del camposanto y los pies sobre el otro. Una imagen que es aún más turbadora porque las formas de la mujer muerta están flanqueadas por una larga hilera de cipreses, que parecen velar su eterno sueño de piedra.

Continuando adelante por ese camino, pasado el cruce de la carretera de Santa Cruz, algunos de sus rasgos se

transforman ligeramente y la silueta cónica del Mesto va endureciendo poco a poco sus pliegues hasta adoptar los perfiles quebrados de una nariz y el saliente de una barbilla;

al mismo tiempo, en ese escenario de líneas cambiantes, entre las redondeces de la cabeza y el pecho, el cuello se va definiendo y va adquiriendo una forma alargada.

A la altura del camino que baja por el antiguo terrero hacia el arroyo, el cuerpo yacente adquiere otra apariencia no menos evocadora. Su silueta se ve ahora situada sobre las casas del pueblo, de manera que los tejados semejan un alargado lecho rojizo sobre el que reposa su cadáver. Y ya más cerca del arroyo, su cuello aparece sorprendentemente atravesado por la aguja del campanario de la torre del ayuntamiento.

Otra visión privilegiada del cuerpo yacente se obtiene siguiendo el camino del matadero, junto a la vieja alberca.

Una perspectiva similar es la que se nos ofrece desde el polígono o poco más allá, desde la carretera hacia Aldea del Rey. Desde allí, las formas de la mujer muerta adquieren un protagonismo absoluto en la Sierra de Calatrava, al mismo tiempo que algunos de sus rasgos se hacen más nítidos: el largo declive de su cabellera, la frente redondeada, la nariz recta muy alargada, la barbilla tan hundida que llega a confundirse con el inicio del cuello. Y allí, a la altura de su garganta, llama la atención una estrecha franja gris y pedregosa que cruza en vertical, de arriba a abajo, todo su cuello. Desde la distancia, esa mancha oscura parece la cicatriz de una herida...

Pero este mágico horizonte de espejismos nunca estará completo si no reparamos en otra imagen similar que, un poco más a la izquierda, nos ofrece el castillo de Salvatierra. Los relieves de la fortaleza, unidos a las suaves líneas de la colina que se alza a su derecha, adquieren la apariencia de otro cuerpo yacente de rasgos masculinos. Pero al contrario de lo que ocurre con la mujer, su silueta no está completa, ya que sólo son visibles la cintura, el pecho y la cabeza, mientras las piernas se dirían mutiladas o hundidas en la tierra. Los relieves del cerro y los del castillo, contemplados desde lejos, desde el este y el norte, perfilan una cabeza de rasgos muy definidos y rostro anguloso, donde destacan una frente huidiza, una nariz muy prominente (trazada por la torre del homenaje) y un mentón bastante pronunciado. Tras un breve declive que señala la rugosa línea del cuello, se elevan las laderas del cerro de San Juan, que dibujan con gran precisión el ángulo del pecho y, a partir de ahí, el largo trazo descendente hasta la cintura.

Desde otros ángulos situados más al sur, por ejemplo desde el camino del cementerio, el de las Peñuelas o Fuente del Moral, el perfil de ese rostro yacente se vuelve aún más nítido, aunque su configuración cambia. La frente se acorta y queda rematada por un grueso entrecejo; la forma de la nariz se vuelve curva y concluye en una profunda abertura de la boca, que finaliza en una barbilla redondeada. Pero lo más llamativo desde esta perspectiva es que la torre del homenaje, que aparece ahora desplazada hacia la izquierda, no evoca ya los relieves de una nariz, sino más bien los de una gruesa astilla clavada en su frente.

Con los primeros arreboles y las primeras sombras del ocaso, los dos cuerpos yacentes van adquiriendo una mayor nitidez, como si todas las líneas del entorno convergieran en ellos. Ambos están misteriosamente alineados en la misma posición, orientados hacia el norte, siempre en un plano algo más elevado la mujer, cuya silueta más estilizada y de formas más ondulantes, tiene menos definidos, en cambio, los rasgos de su rostro.

Cuando éramos niños, desde las eras o desde los terraplenes del terrero, desde el parque o desde la ermita de San Isidro, nos quedábamos extasiados mirando todas esas formas extrañas, vivas y cambiantes, que parecían salidas de algún bestiario o de alguna horrible pesadilla: las grandes alas desplegadas del águila de La Atalaya, con su enorme garra cuarcítica, la gigantesca ballena con su cola caprichosamente rematada por el castillo de Salvatierra, el enorme murciélago sobrevolando, al anochecer, la línea del horizonte; y, sobre todo, aquellos dos cuerpos alineados y casi unidos en la Sierra de Calatrava, aunque uno en territorio calzadeño y el otro en tierras aldeanas.

Y todas esas figuras, reconstruidas ahora por nuestra imaginación, han permanecido ahí durante millones de años, en las páginas de piedra de ese horizonte mágico, tan sólo a la espera de una historia o una leyenda que les diera sentido...

LA MUJER MUERTA: UNA LEYENDA[*]

Hace mucho tiempo vivió en el Campo de Calatrava una joven muy hermosa, cuyo amor se disputaban algunos caballeros de la comarca. Ella había ido rechazándolos, uno tras otro, porque tenía puestos sus ojos en otro joven, que era de condición más humilde aunque no menos bizarro. Los únicos rasgos que afeaban las proporciones de su rostro eran una nariz y una barbilla demasiado prominentes. Los padres de Rosaura, sin ser ricos, eran dueños de algunas tierras de labor en Aldea del Rey. Los de Leonardo, que habían heredado el oficio de la trashumancia, se dedicaban al pastoreo en Calzada de Calatrava.

Ambas familias eran vecinas. Vivían en fincas próximas, a casi media legua del castillo, y por esa razón los dos muchachos habían jugado y crecido juntos, incluso habían aprendido a quererse a escondidas, al menos hasta la adolescencia, cuando ya a ella sus padres comenzaron a buscarle marido. Con diecinueve años, en pleno estallido de su belleza, la cortejó uno de los más poderosos caballeros de la comarca, don Rodrigo Villanueva y Blanco de Guzmán, muy superior a ella tanto en edad como en hacienda. Aunque Rosaura se resistió una vez más, acabó cediendo ante el interés de sus padres y el afán de su pretendiente.

Antes de celebrarse los esponsales, Leonardo decidió renunciar al oficio de sus antepasados y se marchó muy lejos, a tierras remotas. Como después contaron las crónicas y algunos juglares, se embarcó en varias travesías y llegó a ser un avezado marino. Vivió incontables aventuras, combatió en algunas batallas navales, e incluso llegó a

---

[*] El argumento y los personajes de este texto estuvieron vagando en mi imaginación durante años; y allí permanecieron hasta que, por fin, dentro de la ficción han encontrado su forma y su sentido.

enfrentarse a una gigantesca ballena y a otras peligrosas bestias del mar.

Pasados muchos años regresó a su tierra, y comprobó que Rosaura seguía casada con aquel caballero, con quien vivía dentro de las murallas del castillo de Salvatierra. Pero pronto descubrió que el suyo no había sido un matrimonio feliz, y que nunca llegaría a serlo. Quizás por eso, por su falta de amor, según ella misma le confesó, no había podido darle a su esposo los hijos que deseaba. Tal era la razón por la que él la despreciaba y la humillaba yaciendo con otras mujeres. Rosaura confesó también a Leonardo que le había tenido siempre en sus recuerdos, y una noche le dijo que si decidía regresar a su vida de marino, estaba dispuesta a marcharse con él porque quería conocer el mar.

Leonardo comprendió que los deseos de Rosaura no eran muy distintos a los suyos, y que su amor estaba aún intacto pese a los años transcurridos. Por ello, pocos meses más tarde, cuando ya una ligera hinchazón en su vientre comenzaba a delatar a los dos amantes, decidió que lo más sensato era fugarse de allí. Y a lomos de un solo caballo, por las agrestes frondas de Sierra Morena, ambos emprendieron una noche el camino hacia el sur. Pero no llegaron demasiado lejos. Apenas un día más tarde fueron capturados en uno de los pasos de Despeñaperros.

Sintiéndose deshonrado no sólo por la fuga, sino sobre todo por la infidelidad de su mujer, el marido urdió una venganza despiadada contra los dos. Los mantuvo durante tres días atados a un poste de piedra en el patio de armas del castillo y, al tercer día, él mismo, con su propia ballesta, disparó contra Leonardo una flecha con tal puntería que le atravesó la frente. Después ordenó que le cortaran las piernas y las arrojaran a un pozo que distaba media legua de allí. Las aguas se emponzoñaron y durante muchos años aquel lugar estuvo maldito, hasta que por fin brotó del interior de la tierra un agua ferruginosa que desde entonces los lugareños denominaron el pocillo del agua agria.

A ella la encerraron en uno de los torreones del castillo, donde permaneció durante semanas, y allí fue debilitándose su salud hasta que una de sus hermanas, viéndola languidecer, se apiadó de ella. Un día, en el interior de una hogaza de pan, introdujo una aguja de tejer, convencida de que así acabaría con su sufrimiento. Rosaura no quiso clavársela en el corazón, porque allí conservaba vivo el recuerdo de su amante, pero se la clavó en el cuello y murió desangrada.

Don Rodrigo, que sin duda habría preferido arrancarle la vida con sus manos, se enfureció tanto que con su propia daga rebanó el cuello al cadáver de Rosaura y, en un último arrebato de crueldad, decidió no enterrarla en sagrado, aunque ella siempre había sido buena cristiana. Ordenó que subieran su cuerpo hasta la cumbre de uno de los cerros próximos para que allí, igual que había ocurrido ya antes con el cadáver mutilado de Leonardo, fuese devorado por los buitres y otras alimañas del monte.

Aquella noche de mediados de octubre, la de su muerte, tembló la Sierra de Calatrava, miles de murciélagos salieron de sus cuevas y todos los alrededores, desde Despeñaperros hasta los cerros oretanos, quedaron cubiertos por una espesa niebla con olor a azufre y a cenizas volcánicas.

* * *

Siglos más tarde, en la iglesia calzadeña de Santa María del Valle, pocos días antes de que la incendiaran los carlistas en febrero de 1838, fueron hallados varios documentos que, al parecer, habían sido trasladados allí desde el castillo de Calatrava la Nueva cuando dejó de ser sede de la Orden. Algunos de esos documentos tenían un indudable interés histórico; otros tan sólo poseían cierta intención profética y legendaria. Entre estos últimos, se encontró uno, primorosamente caligrafiado, que guardaba relación con los fabulosos hechos relatados en la anterior leyenda. Su texto, que no aparece fechado ni firmado, debió de ser transcrito por algún monje de la Orden de Calatrava, y es el siguiente:

Yo, testigo y profeta por la gracia de Dios, doy fe de los sucesos acaecidos en la Sierra de Calatrava, para que tengan noticia de ellos los siglos venideros. Y asimismo daré fe de algunos otros hechos que habrán de suceder en el futuro.

Aquella noche de octubre en que murió la bella Rosaura, tembló la tierra y miles de murciélagos salieron de sus cuevas. Una lluvia de cenizas volcánicas y una espesa niebla, con olor a azufre, cubrió todo el cielo y se extendió por el norte hasta los cerros oretanos y por el sur hasta las quebradas de Despeñaperros.

Siete días después, al disiparse la niebla, vimos extraños prodigios nunca antes contemplados. En un lugar situado a media legua del castillo, del pozo donde habían sido arrojadas las piernas del infeliz Leonardo, comenzó a brotar un chorro de color rojizo que parecía una mezcla de sangre y aguas ferruginosas. Ese pozo de aguas agrias manó durante años y no dejará de manar nunca en su recuerdo. También en recuerdo de Leonardo, que fue tan buen marino como avezado ballenero, vimos que el monte llamado Salvatierra había adquirido la forma de un gran cachalote, con sus grandes fauces entreabiertas, su aleta y su ojo vigilante, y su gigantesco cuerpo de pez rematado por la cola almenada del castillo.

Y en memoria de los cadáveres insepultos de Leonardo y de la bella Rosaura, que fueron devorados por los buitres y las alimañas, al levantarse la niebla vimos otro prodigio mayor: los cuerpos de los dos amantes, contemplados desde lejos, parecían haberse transformado en piedra y se extendían, de sur a norte, a lo largo de varias cumbres de la sierra. En primer lugar, aparecía la silueta mutilada de Leonardo, perfectamente reconocible hasta la cintura. El castillo de Salvatierra y un cerro próximo marcaban los perfiles de la cabeza y el rostro, con su prominente nariz, su recio mentón, su robusto cuello, su pecho poderoso y su cintura.

Junto a él, a la derecha del castillo de Calatrava la Nueva, siguiendo la ondulada línea de las cumbres, podía reconocerse también, desde la cabeza hasta los pies, el cuerpo de Rosaura. Los perfiles de su rostro y su cuello un tanto desfigurados, muy marcadas las líneas de su pecho y con una visible hinchazón en su vientre. Debido a la maldad de su esposo, que le negó cristiana sepultura, su espíritu vagará errante por estos campos, y sus huesos ya nunca podrán yacer en la paz de un camposanto; pero tiempos vendrán en los que su cadáver de piedra, mirándolo desde el este a una legua de distancia, parecerá hallar digna sepultura sobre un cementerio, y una larga hilera de cipreses velará su sueño.

Y corriendo los siglos, las futuras generaciones podrán ver, desde más allá de un arroyo, alzarse una torre con un campanario de hierro, que estará rematado por una gran aguja metálica. Y para evocar una y otra vez la muerte de Rosaura, desde el otro lado del arroyo podrá verse esa aguja atravesando el cuello de piedra de la mujer muerta.

Cuatro guardianes velarán permanentemente las figuras de los malogrados amantes: de día dos volcanes; de noche, dos castillos. Pero los cuatro adquirirán distintas apariencias. El primero de esos guardianes, el monte llamado Atalaya, tendrá la forma de una monstruosa ave sin cabeza, pero con garras y unas enormes alas desplegadas, en recuerdo de los buitres que se alimentaron de sus cuerpos. El segundo, llamado Salvatierra, en memoria del joven marino tendrá la forma de una gran ballena, que hará posible en el Campo de Calatrava el espejismo de ese mar que Rosaura nunca llegó a conocer.

Y en recuerdo de aquella noche aciaga de octubre en la que miles de murciélagos abandonaron sus cuevas, cada atardecer, cuando la noche caiga sobre la sierra, se desplegarán por el horizonte las gigantescas alas de un murciélago, que tendrá como cabeza uno de los dos castillos.

Y así los cuerpos insepultos de Rosaura y Leonardo, día y noche, mantendrán viva su memoria por los siglos de los siglos en el Campo de Calatrava.

Y así sucederá porque así está escrito en el libro del destino.

Yo, el profeta.

OTROS TÍTULOS DE ESTA COLECCIÓN

242/ENRIQUE JIMÉNEZ VILLALTA, *La protección del patrimonio cultural de la provincia de Ciudad Real. Las comisiones provinciales de Monumentos y de Patrimonio.*

243/ANTONIO MORENO GONZÁLEZ (ed.), *José Castillejo y Duarte (1877-1945). Pionero en la modernización de la Educación, la Ciencia y la Cultura españolas.*

244/JOSÉ ANDRÉS GALLARDO, *Instantes en el tiempo. Fotografías.*

245/ANTONIO SERRANO AGULLÓ (ed.), *La gran Saladina y fundación de la Orden de Calatrava.*

246/JULIO CHOCANO MORENO, *El folklore de los molinos. Antología literaria, musical, iconográfica y paremiológica en torno a los ingenios harineros.*

247/JULIO CÉSAR SÁNCHEZ, *Sánchez Puerto, tres líneas con arte.*

248/ISABEL NIETO-MÁRQUEZ FERNÁNDEZ-CAMUÑAS, *Bichitos: de La Mancha a los Montes de Toledo. Guía de insectos para aprendices de naturalistas.*

249/MANUEL T. LABIÁN VÁZQUEZ, *La difusión del patrimonio de la provincia de Ciudad Real a través de los productos filatélicos.*

250/CARLOS VILLANUEVA FERNÁNDEZ-BRAVO, *Desde La Quebrada.*